「手放せない人」から
「任せられる人」へ

頼る人はうまくいく

村井庸介
YOSUKE MURAI

主婦と生活社

はじめに――「あと、よろしく」と言えるリーダーになろう

本書を手に取っていただき、ありがとうございます。企業変革の現場で、「社外番頭」として多くのリーダーを支えて伴走している村井《むらい》庸介《ようすけ》と申します。

「忙しくて、（本当に）やりたいことができない」

これは、私が伴走する企業のリーダーが持つ共通の悩みです。

私はこれまで、企業のリーダーの右腕として、さまざまな変革の現場で伴走してきました。その過程で私が申し上げることは単純です。

「頼る。自分で全部やろうとしない」

これによって、「リーダーが本来やりたかったことに集中できる環境」をつくれた企業は、過去最高の年商、利益などを達成するなど、大きく成長してきました。

では、目の前の課題に忙殺され、疲れ切っているリーダーがいる一方で（あなたが

そうかもしれません）、忙しい中でも楽しく経営をして業績を伸ばしている人は、どのような働き方をしているのでしょう？

たとえば、彼らの口ぐせの1つに、**「わかった。あと、よろしく」**があります。何か問題が発生した際に、最初こそ自ら対応しますが、問題の程度と解決の方向性が見えた段階で、彼らは担当者に任せてしまいます。

そうやって自分の時間に「余白」をつくり、得意な営業や未来の企画を考える時間に充当しているのです。

また、仕事が早いのも彼らの特徴です。いつまでも自分の中で抱えるのではなく、「これは○○さんに相談しよう」とすぐに相談相手を思い出し、連絡するからです。

できる社長はこのように**〝自分一人では達成できなかった成果〟**をつくり、なおかつ自分の時間を未来に再投資していくので、良いサイクルが循環していくのです。

さて、ここまでは創業社長を例に書いてきましたが、**これはそのまま「時間との向き合い方」「生産性の高め方」という観点から、経営幹部、中間管理職、個人事業主、若手社員、アルバイトリーダーといったすべての人に当てはまります。**

つまり、どんな規模の組織のリーダーであっても、成果を上げる人とそうでない人、目の前のことに汲々《きゅうきゅう》としている人と余裕を持って未来を見ている人との違いは、**「頼るチカラ」**の違いである──というのが、私のこれまでの経験から導いた結論です。

社長であれ、チームリーダーであれ、できる人は、社内だけでなく、社外の取引先も含めて外部を上手に頼り、自社（自分達の組織）がやるべきことに集中できるような仕事の仕方をしているのです。

本書では、この頼るチカラを**「外注力」**と名付けました。これを話の土台として、**「リーダーにとってなぜ外注力が必要なのか」「外注力を発揮するメリット」「外注力を発揮するコツ」**などについてお伝えしていきます。

本書を手に取られたリーダーの皆様が、ご自身の本来の仕事に専念され、会社や組織の業績をより高めることができれば、著者としてこれ以上の喜びはありません。

2025年2月吉日

村井庸介

もくじ

第3章 実録！「外注力」が起こした奇跡のビフォア・アフター

第4章 「頼る人」が使う6つのテクニック

終章 「頼る」リーダーが身に付けたい8つの習慣

第1章

これからのリーダーに最も必要なのは「外注力」

リーダーが抱える6つの悩み

私が支援する企業には、必ず日々孤軍奮闘しているチームリーダーがいます。彼らは常に忙しそうです。「ランチにお弁当を食べながらオンライン会議」などは日常茶飯事、早朝から深夜まで休む暇もなく働き続けています。

彼らの話を聞いてみると、ある共通する悩みが浮かび上がってきます。それは、組織の規模や業種を問わず、多くのリーダーが直面している課題です。

実際に、どんな課題があるのかを見ていきましょう。

1 頻発する会議

まず、最も多いのが「**会議ばかりで忙しい**」という声です。特に中間管理職は、「一日の大半が会議に費やされ、本来の業務に手が回らない」と嘆きます。確かに、情報共有や意思決定のために会議は必要ですが、過度な会議は、リーダーの時間を奪い組織の生産性を下げてしまいます。

2 慢性的な人材不足

次に、**「必要な人材が足りない」**という悩みも顕著です。これは、特に執行役員の方々に多い悩みです。「事業拡大のために人材が必要なのに、確保できない」と話します。人材不足は、リーダーの負担を増大させ、チームの成長を阻害する要因となっています。

3 社内を支配する「リーダー万能説」

さらに、**「苦手分野も対応すべき」というプレッシャー**もあります。これは、中小企業の経営者や新規事業のリーダーに多い悩みです。特に経験の浅い方は、「財務や法務についても方針を求められ、プレッシャーを感じる」と打ち明けます。「リーダーは万能であるべき」という思い込みが、この状況を生み出しているのかもしれません。

4 社内の連携不足

「縦割りで部門間のコミュニケーションがない」という課題も、役員からよく出る話題の1つです。「他部署と連携どころかコミュニケーションすらしていない。問題が放置されたままで、ベンチャー企業と比べて合意形成を得るスピードも遅い」と指摘します。

本来、お互いに協力したほうが楽なのですが、「短期的に増える業務や手間を考えると一歩踏み出せない」という事情も現場ではよく見聞きします。そのつけで、結局リーダーが各部署に声がけをして調整するという手間が発生します。

5 選択と集中ができない環境

そして、最も深刻なのが**「本当にやりたいことに取り組めない」**という悩みです。これは、創業社長が急激に業績を拡大させた後に起きやすいパターンです。彼らは異口同音に「日々の業務に追われ、会社の将来を考える時間がない」と語ります。

この悩みは、リーダーとしての役割を果たせていないという焦りや、「何のために経営をしているのだろう」という不安にもつながります。不安が、リーダーの日々の判断への迷いや、仕事に取り組むうえでの集中力の低下をまねきます。

6 リーダーを覆う孤立感

最後にもう1つ。**「相談できる人がいない」という孤独感**も見逃せません。これは、経営者全般に見られます。「手塩にかけていた部下が、業績が悪化したとたんに辞めてしまった」「安心して経理をまかせていた○○さんがまさか……」「悩みを相談したら、能力がないと思われて、言うことを聞かなくなるのでは」といった痛みを伴った経験や思い込みから相談することをやめたり、一歩が踏み出せなかったりします。

こうした声からも、リーダーの立場ゆえに率直に相談できる相手を見つけることの難しさが浮き彫りになっています。

これらの悩みは、個別の問題のように見えますが、そうではありません。**それぞれが相互に絡み合うことで事態をより深刻にしている**のです。

過度な会議や「依頼されたら自分でやるべき」といった固定観念が、リーダーの時間を奪い、本来取り組むべき課題に集中できない状況を生み出しています。また、苦手分野への対応や部門間の連携不足が、業務の非効率性を高め、リーダー依存の仕事を増やし、さらなる時間の損失を招いています。

そして、リーダーは自身の役割や会社の将来について考える余裕を失い、そんな自分の状態を周りに伝えることにも不安を覚え、孤独感を抱えることになるのです。

リーダーが仕事を抱える3つのワナ

前項で述べたとおり、多くのリーダーがさまざまな悩みを抱えている一方で、その悩みは一向に解決されていません。その要因は何なのでしょうか？

まず考えられるのが、「**自分でやらなければならない**」という強い責任感です。

特に創業社長は、会社を一からつくり上げてきた自負があり、「他人に任せては質が落ちるのでは？」という不安を抱えています。しかし、忙しい中で「忙しさを解決するための時間をつくる」のは、無理があります。そのため、堂々巡りで解決が進みません。

次に、**「リーダーはすべてを把握し、対応できなければならない」**という固定観念も大きな要因です。この考えは、部下や取引先からの信頼を失う恐れとも結びついています。

特に、若手リーダーで先輩社員を部下に抱える場合は、このプレッシャーが強くなりやすいのです。「教えてくれませんか？」と言うことで、自身の知識不足や能力不足が疑われるのではないかという不安が、助けを求めることを躊躇《ちゅうちょ》させています。

さらに、「チームプレー」という概念が、悪い意味で影響する場合があります。**「頼る」という行為が「自分だけ楽をしようとしている」という言葉に変換され**、罪悪感や依頼への躊躇につながるのです。

別の視点では、**外部の力、特にコンサルタントを活用することへの抵抗感**も根強く存在します。

私の経験上、特に中小企業の創業社長には「コンサル嫌い」が多いです。よく聞く理由が、「高額な報酬を要求する割に、泥臭い作業には手を貸してくれない」という不満です。コンサルタントの提案は魅力的でも、実行に移す苦労や現場の細かな事情を理解していないと感じているのです。

この意見に対するコンサルタントからの反論もありますが、意見をぶつけても理屈では納得しません。社長の心象風景が、感情面を含めて描き変わるきっかけがない限り、事態は改善されません。

おそらく、過去に高額を払い外部へ助言を求めて失敗した経験もあるのでしょう。「結局、自分の会社のことは自分が一番わかっている」という思いが、外部の意見や支援を受け入れにくくさせているのです。

さらには、「頼る」ことへの効果が短期的に見えづらいという点も大きな要因です。社員やコンサルタントを雇うにはコストがかかります。その投資に見合う成果が得られるのか？　特に短期的な視点で考えると、出費はイメージしやすい一方で、具体的な成果は見えないため、「それなら自分たちでやろう」と依頼を躊躇してしまいます。

しかし、ここで考えるべきは、「**抱え込むコスト**」です。リーダーがすべてを自分で行おうとすると、本来注力すべき重要な課題に時間を割けなくなり、会社の成長が鈍化してしまうリスクがあります。

また、リーダー自身の疲弊や病気、バーンアウトにもつながりかねません。つまり、「頼らない」選択をすることで、さらに大きなコストを支払っている可能性があるのです。

これらは、戦略、マーケティングなどの「ビジネス知識」、またはプロジェクトマネジメント、コミュニケーションなどの「スキル」を身につけたり、強化しても解決しません。**それどころか、スキルを強化するほど他の人へ任せにくくなるでしょう。**

では、このジレンマをどのように解決すればよいのでしょうか？

その答えとして、私の提案は、「はじめに」でもお伝えした「頼るチカラ」、すなわち「外注力」です。**現代のリーダーに最も必要な能力は「外注力」と言っても過言ではありません**。自分の仕事を手放せば手放すほど、業績が上がる好循環に入ります。その入口となるのが「外注力」なのです。

外注力が生み出す8つのメリット

なぜ、忙しいリーダーにこそ「外注力」が大事なのでしょうか？

「外注力とは、自らの強みに集中し、それ以外を外部に頼りながら目的を達成する技術」と、ここでは定義します。

外注力が現代において重要な理由の1つとして、ビジネス環境の変化が挙げられます。現代のビジネス環境は、かつてない速さで変化し続けています。VUCA《ブーカ》(Volatility・Uncertainty・Complexity・Ambiguityの頭文字を取った造語で、「予測困難で複雑な現代社会」を言い表す）の時代と言われるように、テクノロジーの進化、グローバル化の加速、そして予測困難な社会経済の変動など、企業を取り巻く状況は日々刻々と変わっています。

そのため、過去の成功体験では通用しないことに常に向き合わないといけなくなります。そのような環境に自分達の力だけで対応していたら、学習するだけでも時間がかかります。さらに、理解したときには周回遅れで、本来やるべき仕事が手遅れということにもなりかねません。

だからこそ、**「抱え込む」ことから卒業する必要がある**のです。

この「外注力」の重要性は、大手企業の事例を見ると一目瞭然です。

例えば、トヨタやホンダといった大手自動車メーカーは、膨大な数の部品サプライヤーとの協力関係によって、高品質な車を効率的に生産してきました。彼らはすべての部品を自社製造しているわけではありません。むしろ、核心技術に注力し、その他の部品は信頼できるパートナー企業に任せています。

もし彼らが全工程を自社で完結させようとしたら、どうなるでしょうか？　おそらく、コストは膨大になり、かつ各部品の品質も中途半端なものになってしまうでしょう。「外注力」によって、彼らは自社の強みに集中し、同時に各分野のスペシャリストの力を借りることで競争力を高めているのです。

また、彼ら自身が得た技術力を取引先にも還元して共存共栄も実現しています。

この原理は、企業だけでなく、一人のリーダーにも当てはまります。**そもそも、**

リーダーもただの人間です。得意分野があれば、必然的に苦手分野もあります。すべてが完璧ではありません。

例えば、営業に秀でた社長がいるとします。しかし、その人物が財務にも長《た》けているとは限りません。この場合、財務の専門家に頼るでしょう。顧問税理士や大きい企業であれば、CFO（最高財務責任者）が登場します。

リーダーは、財務を任せることで自身の強みである営業に集中できます。結果、営業現場で得た顧客の声を製品開発にも活かし、新たな製品が生まれ、同時に健全な財務体質も実現する――。これが「外注力」の典型的な例です。

「外注力」を高めることで、リーダーは以下のような利点を得ることができます。

①得意なことだけに集中できる
②苦手な課題をスムーズに進めることができる
③社員のモチベーションを向上させられる
④ビジョンの実現に大きく近づけられる
⑤自社に合った業務改善が進められる

⑥新規事業の成功確率が上がる
⑦悩みを吐き出して心がラクになる
⑧内省する時間を確保できる

これらのメリットについては、第2章で1つずつ解説していきます。

「外注力」は、明日にでも実践できますが、より高い効果を生み出そうと思えば、一朝一夕でどうにかなるものでもありません。それには、自身の強みと弱みを把握し、どの部分を外部に任せるべきかを見極める洞察力が必要です。

また、信頼できるパートナーを見つけ、効果的な協力関係を構築する能力も求められます。

そのため、「外注力」を実践するうえでの第一歩としてお勧めなのは、**「外注力の高い人材」をパートナーに迎えて、その姿を見ながら自分も外注力を身に付ける**という発想です。

ゴルフでも自己流でやる人はスコアの伸びがばらつきますが、レッスンプロに習った場合には、一定の成果が出るでしょう？

つまり、最初に頼る先はリーダー経験のある人材なのです。

外注力を高めるカギは「外部人材」にあり

近年は、外部から経営をサポートする実践経験の豊富な人材が増えてきました。日本の伝統的な商業文化において重要な役割を果たしてきた番頭のような存在です。

番頭は、店主や経営者の右腕として、店舗運営や社員管理、顧客対応など、幅広い業務を担う存在です。彼らは専門的なスキルを持ちながらも、経営全般に関わる知識と経験を兼ね備えています。私も、自分の役割は「社外番頭」であると自認しています。

これを現代風に言い換えると、**「発見された課題に対して豊富な実践経験を持ち、解決するための座組みをつくり、成果を創り上げていくプロフェッショナル」**ということになります。大企業におけるCOO（最高執行責任者）の役割を、外部の立場から果たす存在とも言えるでしょう。**「COO代行」**や「**社外CMO（最高マーケティング責任者）／社外CHRO（最高人事責任者）**」といった形で、複数社の取締役や部長代行として活動されています。

そして、その多くは、大手企業やベンチャー企業などを複数社経験する中で、さまざまな現場を経験してきた方々です。たまに、コンサルタント会社から直接独立した方や、士業《しぎょう》の先生などでも一社に深く関わった結果、本来の業務外の営業やマーケティングのことまで関わるようになり「ゼネラリスト」的な素養を持たれている方もいらっしゃいます。

では、なぜ彼らのような「外部人材」が外注力を高める鍵となるのでしょうか。その理由を理解するために、まず**大企業におけるCEO（最高経営責任者）とCOOの役割分担**を見てみる必要があります。

一般的に、ＣＥＯは会社の全体的な方向性や戦略を決定し、対外的な顔の役割を果たします。一方、ＣＯＯは日々の業務執行を担当し、ＣＥＯの描いたビジョンを実現するための具体的な計画を立て、実行に移します。この役割分担により、ＣＥＯは大局的な視点を保ちつつ、会社全体の舵《かじ》取りに集中できるのです。

また、生まれた時間の余白からさまざまな外部との交流や学びを通じて、自社が課題として捉えるべき環境変化も敏感にキャッチすることができるようになります。

中小企業や新興企業の場合には、「COOと出会うきっかけがない」、あるいは「報酬水準的にも招聘《しょうへい》できない」、また「自社にマッチするかわからない」というリスクもあるので、往々にしてこの2つの役割を一人の経営者が担っています。

そこで、外部人材の方々の出番となります。**彼らは、COOの役割を外部から補完することで、経営者が本来の役割に集中できる環境をつくり出す**のです。

具体的に、外部人材の活用は以下のような形でリーダーの弱みを補完します。これこそ外注力の本質そのものと言えます。

1 専門知識と経験の提供

彼らは、多くの企業での経験を持つプロフェッショナルです。彼らの知見を活用することで、経営者は自社の課題を客観的に把握し、誰に何を頼めば成果が出るか、効果的な解決策を見出すことができます。

2 ネットワークの活用

過去の支援実績からさまざまな分野の専門家とネットワークを持っています。このネットワークを活用することで、必要なときに最適な外部リソースを迅速に調達することができます。しかもお互いに仕事の実力がわかっていることから、外注する際の安心感も高まります。

3 実行力の強化

単にアドバイスを提供するだけでなく、実際の業務執行にも携わります。リーダー経験を通じて外注先のマネジメントにも手慣れています。これにより、計画が確実に実行されます。

4 客観的視点の提供

彼らは様々な企業を見てきたなかで、問題が起きる構造やパターンをストックしています。その視点を活用して、社内の人間では気づきにくい問題点や改善点を社外という立場から指摘することができます。これは、社長に対してだけではなく、社員教育の観点からも活用ができます。

「外部人材」は使い分けが効果的

ところで、このような外部のプロフェッショナルとして、別の存在を思い浮かべた方もいると思います。それは、「コンサルタント」です。

コンサルタントも外部人材の一種です。そのため、**彼らを効果的に使うには、「コンサルタント」「専門家」「リーダー経験者などのプロ人材」の違いを理解して使い分けをすることが大切**です。

特に、コンサルタントとプロ人材の違いを理解することで自社に必要な外部支援が何かを見極め、使い分けることができるようになります。

コンサルタントもさまざまな経営課題を分析し、解決方針を提案した経験があり、第三者の立場から俯瞰的に会社の課題を把握することに優れています。

しかし、プロ人材とコンサルタントには明確な違いがあります。

まず、コンサルタントの特徴を見てみると、彼らは通常、特定の経営課題に対して分析と提言を行います。強みは、豊富な知識と経験をもとに、客観的な視点から問題を分析し、理論的な解決策を提示できることです。さらに未経験の業種であったとしても、豊富な調査とデータをもとに課題を探り当て、解決策を明示します。

その一方で、実行可能性や現場での具体的な推進方法まで踏み込んだ提案ができないケースも少なくありません。

また、コンサルタントは、タイムチャージの報酬体系のため、実行支援の場面では高いと感じやすくなります。特に、一案件あたりの人員数を増やして売り上げにつなげたいコンサルティング会社の場合はなおさらです。加えて、**彼らの専門性は「コンサルティング」にあって業務遂行ではない**ため、投資対効果も読みにくいという課題があります。

一方、プロ人材はどうでしょうか。

彼らは**単なる助言者ではなく、リーダーの右腕として組織全体の調和を保ちながら現場の問題解決を推進**します。

時には、経営者の意向と現場の実情の間にギャップがある場合も、うまく調整し、折り合いをつけていきます。あくまで、実行と組織全体の調和に重きを置きます。

そのため、**プロ人材は、部門横断的な解決策を考え、実行する旗振り役になる**ことが多くなります。例えば、営業と生産の間に軋轢《あつれき》がある場合、プロ人材は双方の立場を理解したうえで、顧客の視点も含めて社内における**「三方よし」の解決策**を探ります。

一方で、それだけ個々の会社の内情に深く入っていくので、いろいろな職種をまたがる課題には強いのですが、リーダーが知りたい業界に対する細かい情報は、プロ人材は持っていない場合もあります。

改めて、これまでの内容を踏まえてコンサルタントとプロ人材の違いを図表で整理してみました。そのほかにも士業の先生のような「専門家」と呼ばれる方々もいらっしゃいますので、それらを含めて、違いを整理したので参照してください。

コンサルタント・専門家・プロ人材の違いとは

	特徴	強み	フィー体系
コンサルタント	情報と論理性などの思考力を武器に課題分析、戦略提言をする会社あるいは個人	短時間での大量の情報分析や調査、社内事例をもとにした課題提起や解決方針の策定が得意	一定の期間と稼働量に基づくプロジェクト型が多い
専門家	実務やコンサルティングを重ねた個人、士業法人、専門コンサルティング会社を含む	一定の専門領域における見解やノウハウ提供が得意。スポットアドバイザリーや作業代行も可能	時間単位のタイムチャージが多いが、内容により成果報酬（資金調達や裁判の勝訴など）体系もある
プロ人材	多様な企業での実務経験を持つ実践家が基本。ゼネラリストで専門性が見えにくい場合もある	実践経験に基づく方針策定や実行支援が得意。資料作成やレポーティングも可能	プロジェクト型のフィー体系、または月額顧問料の場合もある

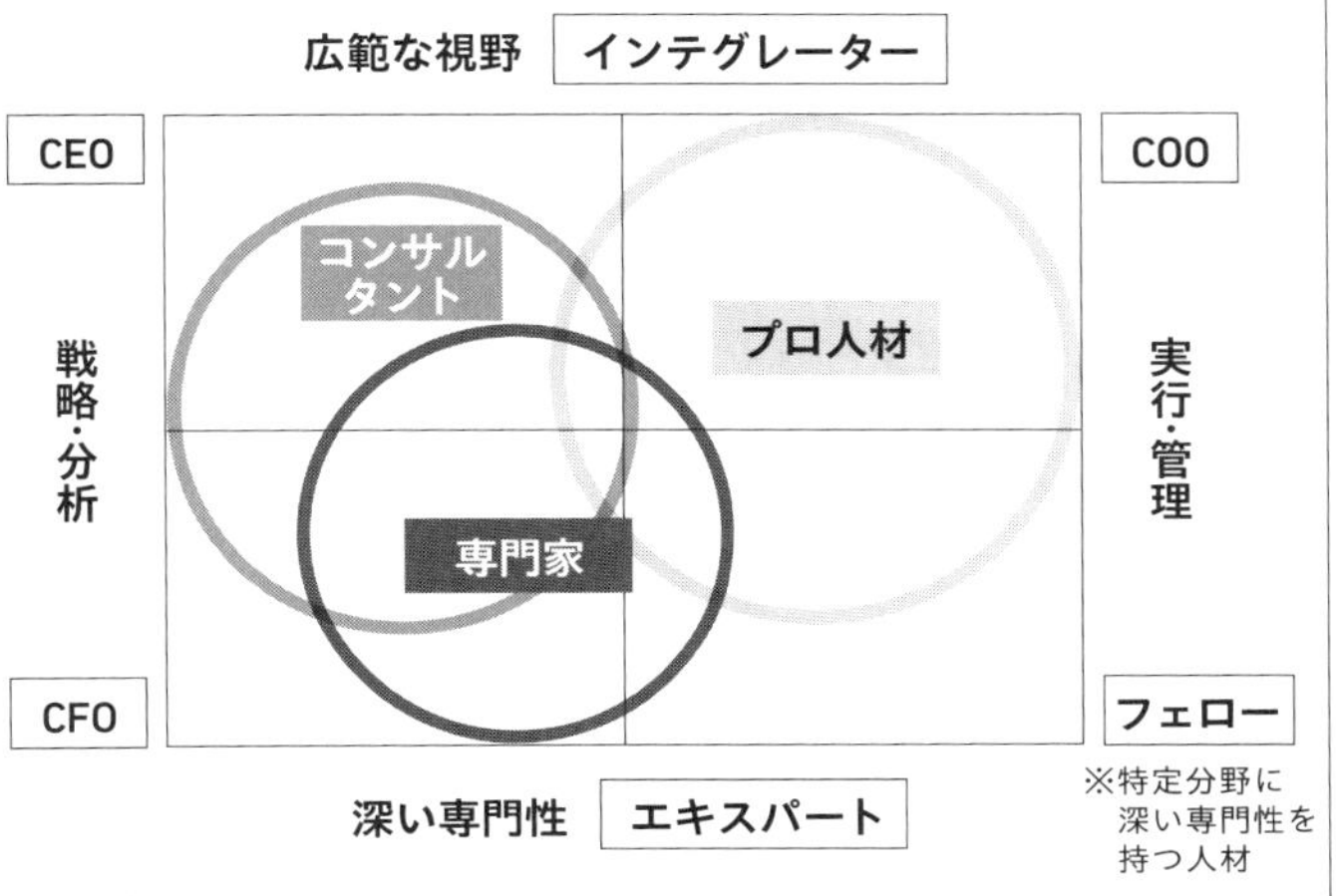

図にある通り、コンサルタント・専門家・プロ人材は強みも、報酬体系も異なるため、会社の状況に応じて適切に使い分けることが重要です。

しかし、「外注力」の弱い企業は、コンサルタント・専門家・プロ人材いずれの存在であったとしても、外部にお願いをするということを躊躇するケースが多いのです。そのため、「採用」で優秀な方に来てもらいたいと思いがちです。

このアプローチは、特に中小企業では、難易度がむしろ高まります。特に、「忙しい！」ワナに陥っている企業やリーダーは、採用よりもなぜ「外部」に頼るほうがよいのか、その理由についても紐解いていきましょう。

「頼る相手」の社員採用に潜む5つのリスク

「優秀な人材が欲しい」

中小企業の経営者をはじめとする忙しいリーダーにとって、優秀な人材の確保は永遠の課題と言えるでしょう。特に、**最強のサポート役となるような人材を社員にすることは博打に近しい**のが実情です。

まず、そもそも優秀な人材は、自身のつながりによって様々な企業からお誘いがあるため、一般的な情報を見ての応募がそもそも少ないという問題があります。

さらに、大企業と比べて知名度や待遇面で見劣りする中小企業や忙しいリーダーの現場には、その人材がほかの条件を捨ててまで興味のあるテーマを偶然見つけない限り、応募してくる可能性は低くなります。

たとえ応募があったとしても、その人材が本当に自社に適しているかどうかを見極めるのも容易ではありません。

仮に外部から、大手企業での事業責任者など経営に近い経験のある人材をリーダーとして採用できたとしても、さまざまなリスクが付きまといます。例えば、以下のようなことです。

1 社内文化とのミスマッチ

外部から招聘した人材は、社内の風土や文化を十分に理解していない可能性があります。そのため、組織をかき乱してしまったり、役職の権限を活用して前職のやり方を無理に押し付けてしまったりするリスクがあります。結果、社員とのコミュニケーションがうまくいかず、組織内に不協和音が生じる恐れがあります。

2 報酬のミスマッチ

特にCOO人材は、往々にして高い報酬をもらっています。しかし、その水準は中小企業やベンチャー企業の給与体系にはマッチしない場合があります。無理して高給でCOOを採用したものの、期待した成果が上がらない事態も十分に考えられます。

3 解雇の難しさ

日本の雇用慣行では、一度採用した社員を解雇することは非常に困難です。また、取締役などの役員においても株主総会の手続きが必要になるなど、本人の意志がない限り、退任はなかなか難しいものがあります。そのため、COO人材の採用が失敗に終わった場合、企業にとって長期的な負担となってしまう可能性があります。

4 既存社員のモチベーション低下

外部から高待遇で人材を招聘することで、長年勤めてきた既存の社員のモチベーションが低下するリスクもあります。特に、内部昇進の道が閉ざされたと感じる中間管理職層の離職につながる可能性もあります。

5 短期的な成果主義

他社で成果を出してきた人材ほど、短期的な成果を出すプレッシャーを意識します。それが、自身の今後の場の定着につながるかどうかを左右することがわかっているからです。

そのため、自分が結果を出せる目先の数字にこだわった意思決定や行動をとってしまう可能性があります。これは、平社員の転職であればまだいいのですが、役員クラスの人材になった場合には、中長期視点で経営に取り組むべき内容がおろそかになってしまうリスクがあるのです。

これらの理由から、中小企業や忙しいリーダーが優秀な人材を自社で抱える――特に目利き能力やその後の育てる力の経験値が低い段階ではリスクが高いことがおわかりになったかと思います。しかし、だからといって経営者がすべてを一人で抱え込んでは、元の木阿弥となってしまいます。

正社員としてではなく、リーダーをサポートする外部人材は、前記のようなリスクを最小限に抑えつつ、リーダーに寄り添って伴走することができるのです。

彼らは、必要に応じて柔軟に関与度を調整できるため、企業の状況に合わせた支援が可能です。また、外部の目線を持ちつつも、企業の内情に深く入り込むことで、バランスのとれたアドバイスと実行支援を提供できます。

加えて、外部に依頼する経験を重ねると、自社に合う人材を見極める目も鍛えられますし、業績が伸び人材を抱える余裕が出てきます。

そのため、優秀な人材を内部で抱えたい企業やリーダーほど、まずは外部人材に頼ってみるところから始めることが、リスクを抑え、着実に**「本来やりたいことがあるのに忙しい」という問題の解決**にもつながっていくのです。

「外部人材」を探す4つのルートと人物の見極め方

では、「**『外部人材』はどうやって見つければいいの？**」――今、皆さんの頭に浮かんでいるのは、こんな疑問でしょう。

私のように個人で活動する外部人材が世に認知されはじめたのが、5年ほど前からですので、そもそも世の中に多くはいないという実態があります。

過去で言えば、長年どこかの企業で勤めた方に顧問として入ってもらうとか、あるいは、コンサルティング会社に頼むという手段がありましたが、後者の場合には割高になることもあって、本書で言う「外注力」をうまく使うという環境にはなっていなかったように思います。

前置きが長くなりましたが、そんな数少ない**外部人材を探すならば、次の4つの方法**を考えます。

① **経営者仲間・仕事仲間などからの紹介**
② **SNSでの発信やインターネット広告**
③ **「クラウドリンクス」などの副業マッチングサイト**
④ **Amazon**

それぞれの長所と短所を記していきましょう。

まず基本は紹介になります。

私を含めて**外部人材は、紹介によって仕事を得ていることが多い**からです。また、あなたの事情もある程度わかっており、彼らの実力や人柄をリアルに知っている人からの推薦ならば、ミスマッチは少ないはずです。

ただし、知人からの推薦とはいえ、実際にその人のサービスを受けたことがあるか、あるいは、受けた人の感想を聞いているかをよく確認してください。

「その人のことはよく知っているし、応援もしているけれど、身銭を切ってまでサービスを受けたいとは思っていない」ということは、よくあるのです。

次に、「フリーランスとして活躍する個人が何によって仕事を獲りにいっているか？」という視点から考えてみると、X（エックス）やInstagram、Facebookなどでの情報発信ということになります。彼らは、情報発信が好きであることが多く、無料個別相談や無料診断などを行っています。**即決せずに、まずは試しに受けてみるとよい**でしょう。

そこで彼らの話していることや雰囲気、質問への受け答えなどから、実力や自社（自分）との相性など、ある程度の判断はつけられるでしょう。

ただし、ネットの世界には、発信内容だけは面白いけれど、実力には疑問符が付く人もたくさんいますのでご注意ください。もし、イメージしている方が見つからない場合には、私自身もX（エックス）で情報発信をしているので、ぜひフォローしてメッセージをいただければ、ご紹介することも可能です。最近ではリンクトイン（ビジネスに特化したSNS）を活用する方も増えてきたので、その他のSNSを使っていないという方はリンクトインの活用もおすすめです。

その他、「クラウドリンクス」などのマッチングサイトから、条件に合う人を見つけて、コンタクトをとる方法もあります。登録人数も多いし、便利なサービスなので、使ってみてもよいでしょう。

ただし、顔出ししてコミュニケーションをとっているSNSと違って、事前にその人の実力や雰囲気をつかめるほどの情報が得られない点には注意が必要です。

最後のAmazonを利用する方法は、ちょっと意外かもしれません。自社の抱える課題を解決でき、ビジネスとして成り立たせている人は、ブランディングの意味で自分の強い領域（マーケティング、採用など）で書籍を出版していることが多いのです。

その人とフィーリングが合うかどうかわからないのは書籍も同じですが、本に書かれている方法論に納得でき、かつ、解決した実例・実績をきちんと記している人とわかればコンタクトをとってみましょう。

どのルートから探すにしても、個人でそうした活動をしている人は、「**自分は何が得意で、どんなサービスをいくらで提供しているか？**」という情報を明確に謳《うた》っているはずですから、それを確認していきましょう。

最初からベストの人材に出会えるとは思わないことが大事

なお、外部人材を探すときに意識しておくとよいのは、どのルートであろうが、最初から「自社にとってベストの人材」を見つけられるとは思わないことです。
「美味しいラーメン屋さん」を見つけるときの行動で考えてみてください。誰でも最初から美味しい店の見つけ方はわかりません。『食べログ』などの口コミや点数は判断の目安にはなりますが、自分の舌と合うかどうかは別の話です。

しかし、何軒か食べ歩いているうちに、店の佇《たたず》まいや行列に並んでいる人の様子、メニュー表、店主の動きなどから、だんだんとコツをつかんでいきますよね？

外部人材の探し方も同じようなもの。身銭を切って、いろいろな人と仕事をすることが大事です。最初から長期の契約を結ぶのではなく、まずはお試しや短期間の契約としておきましょう。大きな損失とならない範囲で依頼をし、**目利き力を上げることが大事**です。

「頼る」ことは消費ではなく投資

ここまでのお話を通じても、「頼る」ことに抵抗がある方もいらっしゃいます。そのため、次は実際に「頼る人」の事例も見ていきましょう。これからの時代に「外注力」がいかに重要か、わかってくると思います。

まず、ある起業家の会社員時代の例を紹介します。

この方は、会社員時代から「外注力」の重要性に気づいていました。**彼は自分の給料から、苦手な業務を外部に任せたり、ある分野の調査が得意な人に仕事を依頼したりしていました。**

一見すると、それで自分の給与が変わるわけではないので、ポケットマネーを使って仕事を他人に任せるのは無駄に思えるかもしれません。

しかし、この方法により、彼は他の社員よりも圧倒的に速いスピードで結果を出し、多くの案件に対応しました。**ほかの社員は個人戦でやっているのに対して、団体戦で取り組んでいる**と思えば、結果は当たり前とも言えそうですが、当時の状況では先進的な取り組みであったと思います。

その結果、彼は昇進を果たし、高額のボーナスも獲得。外部への支払い以上の見返りを得ました。つまり、**「頼る」ことへの投資**が、自身のキャリアと収入の両面で大きなリターンをもたらしたのです。

次に、ある事業部長の例を見てみましょう。

この事業部長は、SNSやインターネット広告の活用など、自身の経験ない分野で苦戦していました。この分野に多くの時間を費やしていたにもかかわらず、効果は限定的でした。

そこで彼は、思い切って外部の若手人材に依頼しました。この若手は、デジタルマーケティングの経験が豊富で、最新のトレンドにも精通していました。その結果、SNS経由での商談獲得が増加し、自身の業務時間を減らしながらも、会社の業績向上につながったのです。

これからの時代、ビジネスの環境変化がますます加速していく中、一人ですべてをこなすことは現実的ではありません。**「頼る」に投資する人こそが、この変化の激しい時代を楽しく泳いでいくことができる**のです。

第2章

「頼る人」はこんなにもラクに成果が出せる！

第1章では、リーダーが頼れなくなってしまう理由や外注力がいまのリーダーに必要な理由についてお伝えすると共に、外部人材は使い分けが重要というお話をしました。

とはいえ、大事にしていた部下、右腕と思っていた部下が会社をやめたり、独立してライバルになってしまったといった経験から、外注力の実践にまだ腰が重い方もいるかもしれません。そのため、この章では、外注力を発揮することで、リーダーが自分の仕事がラクになりながら、スムーズに成果を出せるというメカニズムを8つの視点からお話ししていきたいと思います。

①得意なことだけに集中できる
②苦手な課題をスムーズに進めることができる
③社員のモチベーションを向上させられる
④ビジョンの実現に大きく近づけられる
⑤自社に合った業務改善が進められる
⑥新規事業の成功確率が上がる

⑦悩みを吐き出して心がラクになる

⑧内省する時間を確保できる

一言でいうと、リーダーが抱える組織の「心技体」が、外注力を発揮することで更なる飛躍を遂げると共に、リーダー自身も自身の強みに集中して楽しく仕事ができるようになるというものです。

それでは、1つひとつ詳細を見ていきましょう。

得意なことだけに集中できる

どんな分野においても、「成功するには自分の得意分野（強み）を活かすことが重要だ」と言われます。しかし、仕事の場合、多くのリーダーは日々の雑務に追われ、自分の強みを発揮するために十分な時間を割けていません。

また、**誰しも得意分野がある一方で、得意分野が多岐にわたる方は稀**です。

例えば、営業と製品開発や財務分析などがすべて得意な人はなかなかいないでしょう。仕事の分野だけでなく、「大胆に物事を考える人」と「ミスがないか細かく分析して、チェックできる人」など、能力面でも両立しづらい要素が出てきます。

資質だけでなく、経験や環境によって、何を鍛え伸ばしてきたかによっても、その人の能力値は変わってきます。

例えば、新規事業の立ち上げでは、アイデアを形にする創造力や、不確実性の高い状況下での意思決定力が重要です。一方、成熟した事業の管理では、効率化や品質管理のスキルが求められます。**事業環境によって、リーダーに求められる能力は大きく変化**するのです。

さまざまな可変要素がある中で、リーダーは「これまで結果を出してきたから」という理由だけで、そのポジションに就くことが多く、しかも、リーダーとしての仕事の発揮の仕方を教わらないまま試行錯誤を続けています。

だから、「忙しさ」から抜け出すことができないのです。

成果を出すリーダーは「2割の重要な仕事」に自分の時間を使う

では、忙しさから抜け出すには何が重要でしょうか？

忙しい中でも、自身の強みを発揮しているリーダーを見ていると、「80：20の法則」（パレートの法則）を押さえて、使いこなしています。この法則は、**成果の8割は全体の2割の要素でもたらされる**というものです。

つまり、成果を出すためにリーダーがやるべき仕事のうち、重要な2割に自分の時間を集中できれば、組織全体の成果は大きく向上する可能性が高いのです。しかし、その2割に注ぐための時間が元々あれば、そんな悩みにもなりません。

そこで、外注力を発揮することで、自身の時間の余白づくりが可能になります。例えば、営業が得意なリーダーであれば、バックオフィス業務を任せることで、部下の営業指導の時間を増やし、売上向上に集中できるでしょう。企画立案や大胆なアイデア創出が得意なリーダーならば、データ分析を任せ、企画に没頭できる時間を割けます。

自己分析を行い、外部人材に任せることを明確に定義する

外注力を高めるためには、まず自己分析が欠かせません。これには、「自分」と「自分の組織」という2つの視点が重要です。

まず、**自分の強みと弱みを客観的に把握する**こと。

これによって、自分が行うべきではない業務が明らかになります。苦手な業務は、タダでさえ時間がかかるものです。作業完了にかかる時間を測定することや、様々な会社が提供している自己分析のテストも有効でしょう。章末（82ページ）には、ご自身の強みやご自身なりの外注力を発揮するコツを簡易レポートでお届けするQRコードを掲載していますので、ぜひそちらもご活用ください。私が習っている算命学という陰陽五行論を活用した強み鑑定をベースに、簡単ではありますが、これまでの経営経験や人事経験からあなたの強み分析、外注力の発揮の仕方のコツをフィードバックいたします。

次に、**「自分の組織」の役割を理解する**こと。

自分の組織は何の成果を上げればいいのか、そして、その組織の中で自分がどのような能力を発揮すれば会社全体に貢献できるのかを明らかにします。

例えば同じ営業という領域でも、「営業企画」「フィールドセールス」「インサイドセールス」など、分業が進んでいる組織では、求められる能力や、役割が変わってきます。そのため、組織で成果を出すには、リーダーの得意分野の力を使って、組織の求められる役割を果たすことが重要になってきます。

このとき、リーダーが自分の強みだけを発揮しても、その部門に求められている役割と異なれば、全体最適な結果にはつながりません。自分の思いとは裏腹に成果が出ず、失意に陥ってしまうリスクもあります。

自己分析を行ったら、次は、**何を自分で行い、何を外部に任せるか、明確に定義すること**が重要です。

役割分担が曖昧《あいまい》だと責任の所在が不明確になり、効率が低下する恐れがあります。特に外部に任せる場合には、すぐに「阿吽《あうん》の呼吸」とはならないため、役割を明文化し、依頼初期には細かく進捗を管理する効果的なコミュニケーションも欠かせません。

これにより、リーダーは外部リソースを最大限に活用しつつ、全体の方向性を適切にコントロールできます。しかしこれを一歩間違えると、外注の管理にリーダーの時間が割かれてしまい、本末転倒となってしまいます。

繰り返しになりますが、外注力を発揮することで、リーダーは自身の得意分野に集中し、個人の生産性だけでなく、組織全体のパフォーマンス改善につなげることができます。


実際の事例も見てみましょう。

ある製造業の社長は、営業、特に決裁者向けのプレゼンテーションが得意でした。しかし財務管理や人事の相談事に多くの時間を取られ、本来の強みを活かせていませんでした。社長が訪問しないことで、かつての取引先も発注量が減ってしまい、50％減ということもありました。

そこで、財務と人事がわかる管理部門の専門家を外部から招いて業務を任せました。その結果、営業時間を取り戻し、会社の業績が好調時の水準に回復しただけでなく、さらにはトップ商談で新規の顧客獲得にもつながり、翌年以降の売上が安定しました。外注力の活用が企業の成長に直結することを如実に示していますよね。

このように、**外注力の本質は、「何でもできる完璧な人間になる」ことではなく、**

「自分の強みを最大限に活かす環境をつくる」ことにあります。自分にしかできない仕事、自分が最も価値を生み出せる仕事に集中することで、リーダーは本来の力を発揮し、組織を成功に導くことができます。

しかし、外注力の活用には注意点もあります。外部リソースに頼りすぎると、組織の核となる能力が空洞化する恐れがあるのです。また、外注先の選定や管理にも一定のスキルと時間が必要です。これらのバランスをとりながら、自社の状況に応じた最適な外注力の活用方法を見出していくことが重要になります。

苦手な課題をスムーズに進めることができる

リーダーの方々は、自社の成長や変革のためにさまざまな経営課題に直面します。しかし、すべての分野に精通することは困難です。特に、マーケティング、DX（デジタルトランスフォーメーション。デジタル技術で事業や価値を革新する取り組み）、人事、法務、財務会計など、専門性の高い分野では、苦手意識を持つリーダーも少なくありません。

ここで外注力の真価が発揮されます。**外部のプロ人材は、その道のプロになるまでに膨大な経験と実践知を積み重ねています**。自社でゼロからその知識や経験を蓄積しようとすると、学習時間だけで大きく遅れをとってしまいます。特に、ビジネス環境が急速に変化する現代では、その遅れが致命的になることもあります。

例えば、ＤＸを推進する中小企業を考えてみましょう。社内にＩＴ専門家がいない場合、経営者や社員が独学でＤＸに取り組もうとしても、基礎的な知識を習得するだけで膨大な時間がかかります。その間にも、競合他社はどんどん先に進んでいきます。

さらに危険なのは、中途半端な知識で自己流の解決策を実行してしまうことです。これは、間違った方向に進んでしまう可能性が高く、時間とリソースの無駄遣いになりかねません。

ＤＸの例で言えば、不適切なシステムの導入や、セキュリティリスクの見落としなどが起こり得ます。「とりあえず、大手も入れているＳａａＳ（インターネット経由で提供されるソフトウェアサービスのこと）を入れよう」というような発言が出てきたら危険信号とも言えるでしょう。

一方、**プロ人材は、その分野における解決手段の幅広さも持っています**。つまり、自社だけでは思いつかない多様な解決策を提示できるのです。

例えば、マーケティングのプロ人材は、最新のデジタルマーケティング手法から従来型の販促活動まで、幅広い選択肢の中から、その企業に最適な戦略を提案できます。

外注力とは、まさにこのプロ人材の知見と経験を、お金で買うことです。言い換えれば、何年もかかる学習時間を、効率的に短縮する投資とも言えるでしょう。

外注しながら内製化への道筋も考える

ある店舗サービス業の事例です。

この会社は、Googleへの広告出稿で最初は集客につながったのですが、すぐに効果が頭打ちになり、キャッチコピーや文章ばかり修正していて一向に正解にたどり着けていませんでした。

しかし、外部のプロ人材を活用したところ、そもそも地域の方が見るメディアが

Googleではないということが定量的にもわかり、またターゲットとなる顧客の属性を踏まえて、見た目としてはあまりアカヌケていない1枚のチラシを近隣エリアに投函したら、問い合わせが殺到したということもあります。これは、「AがだめならばBという可能性」という選択肢を生み出せる知識や経験がないとできません。

このように外注力の活用は、単に仕事を丸投げすることではありません。

成果を出していけば売上も増え、新しい社員も増えます。例えば、もともとは外注していた集客も売上の拡大に伴い、組織的に取り組む重要性が増す場合も出てきます。その場合には、すべて外注化するのではなく、社員がノウハウを蓄積して、自社で運用していけるようにならないと、コストの肥大化にもつながっていきます。

そのためにも、外部人材から積極的にノウハウを学ぶという姿勢が重要です。つまり、**外注しながら内製化への道筋も同時に考える**のです。

マーケティングや集客の分野以外にも、人事分野での外注力活用も効果的です。

採用や人材育成などのプロ人材は、現在の市場動向や類似業種、他分野で参考となるような業種の事例、ノウハウも多く持っています。彼らの知見から、自社に適した人事制度や採用の仕組みを一緒に構築・運用してもらうのです。

その過程で、なぜその施策が良いのかという考え方も習得することで、再現性を持って運用できるようになっていくので、長期的な組織の強化につながります。

外注力を活用する際の重要なポイントは、**自社の状況と目標を明確に認識し、それに基づいて人材を選定すること**です。また、単なる業務委託ではなく、パートナーシップとしての関係性を構築することが、より大きな成果につながります。

さらに、複数の専門分野にまたがる課題の場合、それらを俯瞰《ふかん》的に見て調整できるCOO代行や私のような「社外番頭」の活用も有効です。この点については、後に詳しく解説します。

社員のモチベーションを向上させられる

外注力の活用により、苦手な経営課題がスムーズに進むだけでなく、組織全体の能力も向上していきます。リーダーだけではなく、実際に現場で手を動かす社員のモチベーションにもプラスの影響を与えるからです。

もしかすると、「**外部の力を借りることで社員は『自分の仕事』が取られたと感じるのではないか?**」と心配する声があるかもしれません。**しかし、実際はその逆で、社員のモチベーションと成長機会を大きく高める効果がある**のです。

まず、外注力の発揮により組織の成果が向上することで、社員一人ひとりのチャンスや成長の機会が増えます。

例えば、ある中小の製造業では、外部人材の力を借りて生産プロセスを改善した結果、生産効率が30%向上しました。これにより、社員は以前よりも多くの製品を一人で取り扱えるようになり、幅広い経験を積むことができました。効率化によって生まれた時間を使って、社員が新製品の開発プロジェクトを立ち上げることもできました。

また、**何を任せるかを明確にすることは、リーダーの役割、得意分野も明確にします**。これは社員にとっても大きなメリットとなります。

リーダーの役割が明確になれば、社員は何をリーダーに相談すべきか、どのような判断をリーダーに仰ぐべきかがはっきりします。

例えば、ある小売業では、マーケティングの専門家を外部から招いたことで、店長は営業力の強みを活かした売上目標の達成に集中できるようになりました。その結果、店舗スタッフは日々の提案方法について、具体的で的確なアドバイスを店長から得られるようになったのです。

さらに、リーダーが外部や周りに頼る部分が明確になることで、社員の裁量が広がるという効果もあります。

つまり、**リーダーがすべてを管理しようとするのではなく、社員に任せる部分が増えるのです**。これにより、社員は自身の判断で動く機会が増え、より多くの経験を積むことができます。

実際、ある中小ＩＴソリューション企業では、技術面でのアドバイザーを外部から招聘したことで、次のような変化が生まれました。

＊部長が技術的な細部に立ち入る必要がなくなった結果、各エンジニアが自身の担当部分について、より主体的に判断し行動するようになった。
＊これによって社員の当事者意識が高まり、仕事への満足度向上にもつながった。
＊わからない点を素直に外部アドバイザーに相談できることになったので、学習速度も上がった。
＊部長が採用などの組織づくりに自身の強みを発揮できたことで、売上成長に合わせて適切な組織を構築することができた。

このように、**外注力の活用は社員の成長にも直接的に寄与**します。外部人材と協働することで、社員は最新の知識やスキルを学ぶ機会を得られるのです。

例えば、中小の食品メーカーでは、デジタルマーケティングのプロ人材を招いてＳＮＳを活用した販促活動を行いました。この過程で、若手社員がＳＮＳの運用スキルを習得し、後に社内のデジタルマーケティング責任者として抜擢されたケースもあります。

別の使い方として、リーダーが**普段口うるさく言っているメッセージを「代弁」してもらう**ことも期待できます。共に汗を流すプロ人材から指摘されることで、「他社では当たり前のことが自分たちにはまだまだできていない」という反省や良い刺激にもつながるでしょう。

また、外注力を活用して成果を上げることで、**リーダー自身が昇進や昇格のチャンスを得る**ことにもなります。

これは、現場の社員にとっても大きな意味を持ちます。なぜなら、直属の上司が評価されることで、自分たちもボーナスなどで恩恵を受けられる可能性が高まるからです。さらに、昇進によって自身がリーダーになるチャンスも高まります。

外注力の活用は、単に業務の効率化や専門性の補完にとどまりません。それは、**組織全体の成長と、個々の社員の成長を同時に実現する強力なツール**なのです。

ビジョンの実現に大きく近づけられる

リーダーの役割は、現場の社員とは異なります。特に重要なのは、未来を見据えて組織を導くことです。社長など経営に近い方々ほど、5年・10年と考える時間軸はより長くなります。

しかし、多くのリーダーが日々の業務に追われ、日常の業績達成だけで手一杯で、果たすべき役割に時間を割けていないのが現状です。そこで、外注力がビジョン実現への大きな一歩となります。

リーダーの主要な役割をもう少し分解すると、次の4つに集約されます。

1 未来を考える

自社だけでなく、顧客や業界全体の未来を社会の潮流も踏まえてあるべき姿を考えること。それをビジョンや経営戦略、商品・サービスに落とし込んでいくこと。

2 考えた未来に向けて進捗を管理する

ビジョンや戦略が経営計画や予算に落とし込まれ、これに向けて計画以上のスピードで進むように進捗管理すること。

3 俯瞰的視点から目標達成に向けた適切な対策や方針を伝える

進捗の状況を見ながら特に遅れるリスクがあるものに対しては、メンバーに対して、具体的な解決方針を伝えること。

メンバー一人では短期的な解決が難しい場合には、チーム編成を組み直すなど個々の、現象に埋没せず、俯瞰的な視点で解決方針を打ち出すこと。

4 来期以降に、より大きな成果が出せるように人を育てる

来期以降を見据えて、人を育てること。去年と比べて成長がなければ、人の数を増やさない限り、会社の成長や新しい分野を開拓するための時間的な余白がなくなる。

これらの役割を十分に果たせないと、短期の結果は出ていても、長期では競合他社に追い抜かれる可能性が高くなります。

例えば、ある製造業では、社長が日々の生産管理や競合他社との営業競争に追われ、新製品開発に時間を割けませんでした。その結果、他業界からの新規参入と技術刷新への対応に出遅れ、主力製品の売上が急激に落ち込むという事態に陥りました。

このように、リーダーが現場の仕事や苦手な仕事で時間を取られていると、ライバルに新しい施策で出し抜かれたり、他社に成長スピードで負けたりすることがあります。

しかし、外注力を活用することで、リーダーは本来の役割に集中できるようになります。

ある赤字の小売りチェーンでは、店舗運営の集客施策を外部のプロ人材に任せることで、社長が新規出店計画に時間を割けるようになりました。その結果、2年間で新規出店した店舗の投資回収期間が半分に圧縮されたのと同時に、既存店の集客効率も上がり、会社全体の黒字化につなげることができました。

リーダーはすべての役割を一人で抱え込む必要はない

また、先ほど掲げたリーダーに求められる4つの役割も、**一人のリーダーがすべてを抱える必要はありません**。苦手分野や、得意であるけれども優先順位が低い分野は外部に頼るのが有効です。

例えば、進捗管理で外部のサポートを得ることで、ＫＰＩ（Key Performance Indicator：重要業績評価指標）実績の素早い情報収集、対策検討が可能になります。

先ほど事例として紹介した小売りチェーンでは、マネージャー経験の豊富な外部人材の活用により、報告フォーマットが整備されました。これにより、店舗スタッフの経営に関する知識が浅くても、またＰＣツールを上手に使いこなせなくても、集計作業に時間を取られることなく、現場で何が起きているか、定性面のリアルな実態を報告できるようになりました。

こうして、社長が現場に行かなくとも、解決方針や対策の指示ができるようになり、売上機会の損失などを防ぎ、店舗及び会社全体の黒字化につなげることができました。

俯瞰的視点からの対策立案も、外注力の活用で大きく改善します。

外部の専門家は、異なる業界の知見も持ち込むことができるため、新たな視点での問題解決が可能になります。

先ほどの小売りチェーンは、流行の変化が速く在庫がリスクにつながりやすいアパレル業界の専門家を招聘することで、業界の常識にとらわれない在庫管理・商品発注システムを構築して、在庫保管コストを30％削減し、さらには店舗に長期滞留していた不良在庫の削減にもつながりました。

人材育成においても、外注力は大きな力を発揮します。

特に**社長は叩き上げで育ち、教えるという経験値を積んでいないことがあります**。そのため、営業組織においても、社長の経験や感性をそのまま営業組織に落とし込むことができない場合があります。そこで、営業の専門家を部長代行とすることで、社長のノウハウを専門家の視点から言語化すると共に、社員として達成すべき水準・目標の設定を行うことができます。

社長は往々にして自分と同じ水準を求めますが、できる社員は起業・独立する可能性があるので、**全社最適なラインを外部の豊富な経験をもとに見定めてもらう**ことで、育成以前の社員のモチベーションダウン回避にもつながります。社長の過去の実績ではなく、社員の過去の最高実績と比べることが重要です。社員が成長しているかという視点で見てあげると良いでしょう。

また、プロ人材のノウハウを社内に取り込むことで、社員のスキルアップが加速します。

ある中小のＩＴソリューション会社では、営業の専門家人材による研修とＯＪＴを通じて社員がクロージングまでのセールストークを自発的に改善するようになり、初期商談を突破したお客様の受注率が従来の倍に上がりました。

外注力を効果的に活用し、ビジョン実現に近づくためには、明確なビジョンと目標の設定、自らの弱み・課題の特定と受け入れ、外部リソースの適切な選定など、さまざまな段取りが重要となります。

これらを意識して外注力を発揮することで、リーダーは本来の役割に集中し、組織のビジョン実現に大きく近づくことができるのです。

自社に合った業務改善が進められる

外注力を活用する大きな利点の1つは、**大手企業の模倣ではなく、自社に最適化された業務改善を実現できる**ことです。

自社に何か課題があるとき、多くのリーダーは自分で情報を収集し、解決策を探ろうとします。しかし、この方法には落とし穴があります。

公開情報や事例の多くは大手企業のものが中心です。中小企業がこの事例をそのまま自社に当てはめようとしても、うまくいかないケースが多々あるのです。

大手企業と中小企業では、取り組みの背景や人材の質と量、そして何より使える予算が大きく異なります。

例えば、ある中小の製造業では、大手企業で成功したパッケージシステムの導入を試みました。しかし、システムの高コストに加え、使いこなせる人材の不足により、導入後も十分な効果を得られず、多額の投資が無駄になってしまいました。

また、注意すべきは、**大手企業の取り組みが必ずしも成功しているとは限らないという点**です。そもそも、企業の戦略やＫＰＩにも関わる話については、公開情報では具体的な成果に触れていない場合もあります。

さらに、導入後の中長期での効果の情報はほとんどないので、その取り組みの真の効果や課題が見えにくいのです。

ここで**外部のプロ人材の知見**が重要になってきます。

プロ人材や専門家は、さまざまな企業での導入事例や、その後の成果を経験しています。また、組織特性による向き・不向きも経験則で理解しています。この知見を活用することで、自社に効果的な解決策を見出すことができます。

ある店舗サービス業では、大手企業の成功事例の紹介を受け、高額な顧客管理システムを導入しました。しかし、結局メール配信機能くらいしか使いこなせない状況に陥り、月額利用金額だけが大きな負担となりました。

その後、中小企業でのＤＸ推進が豊富な専門家に見直してもらい、企業に合わせたシンプルなシステムを導入。結果として、月額費用は10分の1に減り、従業員の負担も軽減され、顧客満足度の向上と売上増加が実現できたのです。

専門家を活用するタイミングは「検討の段階から」がベスト

このように外部のプロ人材を活用する際には、**検討の段階からサポートしてもらう**のがコツとなります。

よくある失敗は、自分たちで調べてシステムやマーケティングの仕組みなどを入れたものの、うまくいかず、そこから専門家の意見を仰ぐ——というパターンです。これは、「つくってしまった料理をどう美味しくするか」という相談に近いものです。

事前に正しい食材の組み合わせ、調味料の選択をしていたほうが効率よく美味しいものができるのは一目瞭然なのですが、仕事だとなぜか問題が起きてからの相談になることが多いのです。

外部の専門家は、こうした問題を数多く経験しているのに加え、さまざまな知識レベルの方々も見てきているので、段取りの重要性を熟知しています。彼らの経験と知見を活用することで、**何をどこから始めたらよいかがわかり、持続的に効果を生み出**

すことができます。

例えば、あるシステム会社では、「社員間のコミュニケーションが希薄」という課題に対し、著名なサンクスメッセージを使えるサービス導入を人事のプロ人材に相談していました。

しかし、そのプロ人材は、安易にシステムを導入することに反対しました。そもそも「ありがとう」を伝える風土ができていない段階でシステムだけ入れても、誰も使わないことがわかっていたからです。システムとは、「それを入れれば問題は解決するもの」ではなく、「改善に動くきっかけづくりの第一歩として必要なもの」に過ぎません。

そこでその会社では、四半期の振り返り会のときに、お世話になった人を投票形式で選出して表彰し、感謝のメッセージを社員から伝えるところから始めました。この手順を踏むことによって、社員間のコミュニケーションが改善されていったのです。

このように、外注力を活用することで、**単なる大手企業の模倣ではない、自社の特性に沿った業務改善**が可能になります。それは単なる効率化だけでなく、競争力の源泉ともなり得るのです。

新規事業の成功確率が上がる

新規事業では、通常、社長や役員、あるいは実績のある社員がリーダーとなります。しかし、どんなに優秀な人材でも、1つの業界で長年働いていると、その**業界特有の「常識」や「習慣」に縛られがち**です。

例えば、眼鏡業界では「在庫は7年持っていても問題ない」という常識があります。これは、アパレル業界の「翌シーズンには在庫を持ち越せない」という常識とは真逆です。同じ小売業でありながら、業界によって全く異なる考え方が「当たり前」として存在しているのです。

「業界の常識」は、新規事業において大きな壁となります。既存の発想から抜け出せない、過去の成功体験に縛られる、リスクの取り方が保守的になりがち、といった制約が生まれるからです。

外部人材がもたらす3つの価値

この壁を突破するために、外部の人材の活用が効果的です。その理由は、大きく3つの価値をもたらすからです。

まず、**「他業界の知見がもたらす新しい視点」**です。異なる業界での成功パターンや、既存の常識を覆す発想は、新規事業の成功確率を高める重要な要素となります。

次に**「プロジェクトマネジメントの経験値」**です。期限を区切った目標設定や適切なリソース配分、進捗管理など、新規事業に不可欠なスキルをすぐに活用できます。

そして3つ目が**「客観的な視点の提供」**です。社内の思い込みを指摘し、市場環境を冷静に分析することで、早期のリスク発見が可能になります。

例えば、ある製造業では、BtoB中心からEC事業（電子商取引）への展開を試みました。創業40年の老舗企業で、品質には定評がありましたが、BtoC向けの販売ノ

新規事業でこそ、外注力を活用

ウハウは皆無でした。当初は既存の営業部隊が兼任で取り組みましたが、３か月経っても月商１００万円にも届かない状況が続いていました。

そこで、アパレルＥＣ事業で実績のある人材を外部から招聘しました。この人材は、まず商品写真の撮影方法を改善。従来の仕様書のような製品写真から、使用シーンが想像できるライフスタイル提案型の写真に変更しました。また、商品説明も専門用語中心から、顧客目線のわかりやすい表現に改めました。

さらに重要だったのは、在庫管理の考え方です。従来の「つくれば売れる」という発想から、「売れる量をつくる」という考え方に転換。ＳＮＳでの反応を見ながら生産量を調整する手法を導入しました。

その結果、半年後には月商1000万円を突破。在庫回転率も月1回転から3回転に改善し、収益性も大きく向上しました。

新規事業の立ち上げで探すべき外部人材の特徴

このような成功を収めるには、外部人材の選定が重要です。新規事業の立ち上げでは、**2つの経験を持つ人材を探すことが望ましい**と言えます。

1つは「**他業界でのルーティン経験**」です。

異なる業界での実務経験や、具体的な成功・失敗事例を知っていることは、新規事業での試行錯誤を削減することにつながります。

もう1つは「**プロジェクトマネジメントの経験**」です。

新規事業は定常業務と異なり、限られた時間とリソースの中で新しい価値を生み出す必要があります。そのため、目標設定から実行、軌道修正までを確実にマネジメントできる経験が重要になります。

また、外部の人材の活用は、**新規事業の立ち上げ段階だけでなく、準備段階からが**

望ましいと言えます。

例えば、あるサービス業では、新規事業の準備段階から外部の人材を招き入れました。その結果、既存業務の無駄な会議や重複した作業が特定され、全体の業務時間を20％削減することに成功。この「余白」を活用して新規事業に取り組むことで、既存事業を圧迫することなく、新たな挑戦が可能になりました。

このように、新規事業における外部の人材の活用は、単なる「人手の補充」ではありません。新しい視点の獲得、専門知識の補完、プロジェクト推進力の強化、客観的な判断軸の確保といった、質的な価値をもたらすものと考えるべきです。

特に中小企業において、**限られたリソースの中で新規事業を成功させるためには、この外注力の活用が重要な鍵**となります。

悩みを吐き出して心がラクになる

外注力の活用は、リーダーの悩みの解消にも貢献します。ここでは特に、外部人材の相談力に焦点を当てて見ていきましょう。

リーダーは、その立場に置かれると、悩みを抱え込んでしまう傾向にあります。これは、企業の中間管理職はもちろんのこと、会社員から独立して創業した社長にも多い傾向です。なぜでしょうか。

まず、仕事がうまくいかないときに、相談することをためらいがちです。**スタッフだったときには上司に相談できていた人でも、いざ自分がリーダーや社長になると、相談相手がいなくなってしまいます**。「リーダーなのだから、自分で解決すべきだ」という思い込みが、この問題をさらに深刻にしています。

例えば、ある製造業の社長は、新規事業立ち上げに苦戦していました。しかし、「経営者として弱みを見せられない」という思いから、誰にも相談できずにいました。

その結果、事業の進捗は遅れ、社員のモチベーションも低下してしまいました。この状況は、外部人材を招くまで続いたのです。

また、**凄腕の先輩経営者からアドバイスを受けても、それを自分の現状に落とし込めずに行動に移せない**ケースもあります。

ある小売業の社長は、先輩経営者から「O2O（「Online to Offline」の略。オンラインとオフラインを連携させて購買活動を促進させるマーケティング手法）が今のトレンドだから君も取り組んだほうがよい」と言われましたが、自社の認知度も、社員たちで何から始めればよいかもわからず、行動に移せませんでした。

こうした状況で力を発揮するのが「外注力」です。

特に**自分の苦手な領域について相談する**ことで、何を、どの段取りで進めればよいのかが明確になり、行動に移しやすくなります。

先ほどの小売業で言えば、ECサイト構築の経験豊富な専門家を招き、具体的な行動計画が立てられました。まず既存顧客へのアンケートから始め、人気商品のみを先行してオンライン販売するなど、段階的なアプローチを提案。これにより、社長も自信を持って行動に移すことができ、1年後には売上の15％がオンライン経由になるまでに成長しました。

行動に移せるようになると、次の課題も見えてきます。そして、その課題にも外部のサポートを得ることで焦点が明確になり、問題解決がどんどん進んでいきます。これは、悩みを抱え込んでいたときとは対照的な、**前向きな循環**と言えるでしょう。

一方で、悩みを抱え込むと、悩みで禅問答してしまい、未来を考える時間が奪われてしまいます。リーダーの重要な役割の1つは、組織の未来を描き、そこに向かって人々を導くことです。しかし、**日々の問題にとらわれていては、この役割を果たすことができません**。

リーダーが悩みを抱え込まなくなることで、組織全体にも良い影響が波及します。リーダーが前向きに行動し、未来を語るようになれば、社員のモチベーションも自然と高まります。また、リーダー自身がオープンに相談する姿勢を見せることで、組織全体のコミュニケーションも活性化されるでしょう。

内省する時間を確保できる

リーダーにとって、**内省する時間を持つ**ことは非常に重要です。内省することのメリットは物事を俯瞰的に見られることです。

しかし、日々の業務に追われていると、目の前の問題解決に終始してしまいがちなのは、皆さんにも大いに思い当たる節があるでしょう。これは、高い場所から見下ろすと視界が広がり、逆に地面を見ると視界が狭まるのと同じです。仕事においても、現場の細かい点にばかり目が行くと、視野が狭くなってしまいます。

例えば、ある店舗サービス業の社長は、新規のお客様と一部の常連のお客様は、必ずといっていいほど自身が対応していました。

そのおかげで、短期的なリピート率は上がるのですが、結局、スタッフにその後を引き継ぐとお客様に解約されるなど、売上が右肩上がりとはならず横ばいで停滞していました。

さらには、自分自身が接客にあたる時間が長いため、競合が始めたSNSや新サービスなどの取り組みに出遅れ、結局後手に回ってしまっていました。

このような状況を打開するのが、外注力の活用です。

先ほどの社長で言えば、**集客を外部のプロ人材に任せ、新規顧客の対応を社員に任せる**ようになったことで、現場の細かい問題やそれに費やす時間に縛られなくなりました。

そうすることで、クロージングの質は多少落ちたものの、社長は一人の時間を使って新しいイベントや講座キャンペーンなどの企画を考案することもでき、売上・利益の向上につながりました。

外注力の真の価値は「リーダーの視点を変える」こと

外注力を活用することの真の価値は、**リーダーの視点を変える**ことにあります。

「問題をどう解決するか」という一人称の視座から、「誰に任せれば解決できるか」という司令官の視点へと転換することができるのです。これは単に仕事を委託するだけでなく、組織全体の力を最大限に引き出すための重要なスキルです。

この視点の転換は、リーダーの思考と行動に大きな変化をもたらします。まず、問題解決のスピードと効果が変わります。最適な人材を見つけ、適切に任せることで、効率的かつ効果的な問題解決が可能になります。

また、**時間の使い方も大きく変わります**。細かい業務から解放されることで、リーダーは戦略的思考に時間を割くことができるようになります。

これまで忙しくて見られなかった業界の動向を分析したり、将来の事業機会を探ったりする時間が生まれるのです。これは、企業の長期的な成長と存続にとって極めて重要です。

この視点は組織全体の成長にも寄与します。リーダーが適切に仕事を任せることで、特に部下は挑戦の機会を得ることができるからです。これは、個々人のスキルアップや、組織全体の能力向上につながります。

さらには、**外部人材に対する目利き力も上がる**ため、今後新しい課題が生じた際にもポイント押さえて外注することができるようになります。

俯瞰的な視点を持つことは、自部門の最適化に終始せず、組織全体の最適化に意識を向けることができるため、大きな成果を上げることにもつながります。

言い換えると、他部門と協力することで、忙しくなったとしても、顧客に最適なサービスができるようになり、将来の収益が上がるということが計算できるようになります。それは、リーダーが現場の細部にとらわれず、全体を見渡す視点を持つことで初めて可能になります。

ただし、**俯瞰的な視点を持つことと、現場の実態把握のバランスは重要**です。完全に現場から離れてしまうと、過去の経験と、点で見聞きした情報の思い込みから、実態とかけ離れた判断をしてしまう危険性もあります。そのため、定期的に現場に足を運び、数値だけでなく定性情報も収集することが大切です。

外注力を活用し、俯瞰的な視点を持つことは、リーダーシップの質を大きく向上させます。日々の業務に埋没することなく、内省する時間をとれるからこそ組織の未来を見据えた判断を下し、全体最適を実現する力となります。

この力を持つことで、リーダーは真の意味で組織を導く存在となり、企業の持続的な成長と発展を実現することができるのです。

■「頼る人」になることで得られる8つのメリット

① 得意なことだけに集中できる

② 苦手な課題をスムーズに進めることができる

③ 社員のモチベーションを向上させられる

④ ビジョンの実現に大きく近づけられる

⑤ 自社に合った業務改善が進められる

⑥ 新規事業の成功確率が上がる

⑦ 悩みを吐き出して心がラクになる

⑧ 内省する時間を確保できる

■外注力を発揮するための自己分析をしてみよう！

以下の QR コードにアクセスいただくと、ご自身の強み分析、外注力を発揮するためのコツをフィードバックいたします。

第3章

実録！「外注力」が起こした奇跡のビフォア・アフター

事例で見る「頼る人」のビフォア・アフター

第3章では、私自身が実際に伴走した事例もいくつか活用しながら、**外注力の多様な活用方法と、それがもたらす効果**について紹介していきます。

今回登場するのは次の6つの事例になります。

【事例1】　新人マネージャーが仕事を解放して組織パフォーマンスが向上！
【事例2】　「忙しい事業部長」がECRS活用で業績向上！
【事例3】　クラフトビール会社が新規事業で売上1・5倍に成長！
【事例4】　格闘技ジムがマーケティング活用で客数倍増、単価も1・5倍に成長！
【事例5】　経営者が初めての経営計画策定で数千万円の融資獲得に成功！
【事例6】　大手小売業が提携の提案営業により新規集客と数千万円の粗利獲得に成功！

新人リーダーから事業部長、経営者まで幅広くテーマを用意しましたので、立場が皆様と近い事例を中心に見ても良いですし、逆に普段接する上司の「視点」「困りごと」はどのようなことで、どういうサポートをしたら良いのかという観点で読み進めていくのもおすすめです。

いずれも、**外部人材を活用したことで、「自分だけでは成しえなかった成果」を実現した**というのが共通点になります。

「自分だったらどうするか？」という視点で読み進め、ケーススタディとしてもご活用ください。

【事例1】　新人マネージャーが仕事を解放して組織パフォーマンスが向上！

スタッフ一人ひとりが自身の強みを活かせる業務に携わることで、サービスの質が向上したスポーツジムのケース。「抱え込まない」ことで組織全体のパフォーマンスが向上することを示す事例です。

＊＊＊

あるスポーツジム会社の店舗マネージャーの田中さん（仮称）は、毎月のように深夜まで残業する日々を送っていました。レッスン指導での実績を買われての抜擢でしたが、マネージャー就任後は事務作業や入金管理など、バックオフィス業務に追われる毎日。本来得意なはずの会員への丁寧な指導や、指導事例の調査・接客への反映にも十分な時間を割けない状況が続いていました。

特に頭を悩ませていたのが会費の入金確認と未払い対応でした。月末になると数百件の入金状況を確認し、未払いの会員へ連絡をとる必要がありましたが、事務処理が苦手な彼にとって、この作業は大きな負担となっていました。

「このままでは店舗運営に支障が出てしまう」

そう危機感を募らせていたとき、社長から「業務改善」に強い、コンサルタント経験もあるプロ人材を紹介されました。

当初は「外部の人に相談して大丈夫だろうか？」という不安もありましたが、さまざまな企業での経験・実績もあるため、思い切って相談することに決めます。

◆マネージャー以下、スタッフ全員の業務内容を棚卸ししてわかった課題

プロ人材が最初に行ったのは、マネージャーと店舗スタッフ全員の業務内容の棚卸しでした。１週間をかけて全員にインタビューを実施し、業務観察をした結果、いくつかの重要な発見がありました。

- ・入金確認業務に毎月20時間以上を費やしている
- ・スタッフの中にＩＴや数値に強い人材がいるが、接客や指導だけを担当していた
- ・ほとんどの業務をマネージャーが抱え込んでおり、他のスタッフはやり方も知

らずブラックボックス状態となっていた

これらの発見をもとに、プロ人材がファシリテーターとなり、店舗全体で業務改善会議を開催。その場で、以下のような改善策を決定しました。

- **入金管理業務を別のスタッフに移管**
- **シフト作成・調整を複数のトレーナーに権限委譲**
- **マネージャーが抱える業務を、必ず誰かが代行できるようにマニュアル化と教育の実施**
- **マネージャーは、接客やサービス開発に注力**

特に効果的だったのが、入金管理業務の移管でした。ITに強いスタッフは、Excelの関数を駆使して作業を効率化。さらに、未払いの早期発見・対応、会員とのコミュニケーションも上手だったので、会費の回収もスムーズにいき、未収金も大幅に減少しました。

また、単なる業務の振り分けだけでなく、「なぜその仕事を任せるのか」という理由も丁寧に説明。これにより、スタッフ全員が改善の意図を理解し、相互に協力して取り組むようになりました。

その後も月1回の定例ミーティングを継続。さらなる業務移管の検討に加え、業務を通じて発見した改善のヒントをチーム内でも共有・議論するようにしました。マネジメントの悩みや新たに出てきたタスク、仕事の相談をチャットツールなども用いてリーダーが一人で抱え込まない環境をつくりました。そうした取り組みは、3か月で次の成果をもたらしました。

・マネージャーの残業時間が月平均60時間から15時間に削減
・未収金回収までの期間が半減
・事務処理・集計ミスの軽減

現在、店舗マネージャーは本来の強みである会員へのサービスや最新トレーニング事例の調査により多くの時間を割けるようになっています。「すべてを自分でやらなければ」という思い込みから解放されたことで、精神的な余裕も生まれました。

さらに、この変化はチーム全体にも好影響を与えています。スタッフ一人ひとりが自身の強みを活かせる業務に携わることで、サービスの質が向上。その結果、会員の満足度が上がり、退会率の低下という具体的な成果にもつながりました。

この成功事例は、「抱え込まない」ことで組織全体のパフォーマンスが向上することを示す事例と言えるでしょう。

【事例2】「忙しい事業部長」がECRS活用で業績向上！

これはプロ人材という「外部の目」に頼ることで、**当たり前になっていた非効率の業務習慣を見直すきっかけ**を得られることを示した事例です。特に「会議を減らす」という一見シンプルな施策が、組織全体の生産性向上と、本来の強みを活かした成長につながりました。

＊＊＊

急成長中のベンチャー企業で事業部長を務める佐藤さん（仮称）は、毎日のように深夜まで会社に残っていました。しかし、忙しい割には成果が伴わず、新規サービスの開発や、以前から構想していた他部門との協業プロジェクトにも着手できない状況が続いていました。

特に時間を奪われていたのが、毎日のように入る会議と、経営陣への報告資料の作成でした。朝は社内の定例会や部下から招待された会議、昼は営業と同席、夕方は進捗会議と、一日の大半が会議で過ぎていきます。会議の合間を縫って作成する役員向けの報告資料を、深夜までかかってつくり込むことも珍しくありませんでした。

佐藤さんは本来、他部門との関係構築が得意な人物でした。入社以来、さまざまな部門と協力して新しいサービスを生み出してきた実績もあります。

しかし、事業部長就任後は、日々の業務に追われ強みを活かせない状況が続き、業績も思った成果につながらないため、焦りを感じていました。さらに、売上拡大のために人材を採用しても、ハードな残業状況が続くため、離職が続き、なかなか定着しません。

そんな危機感を抱えていたとき、知人の紹介で「業務改革のプロ人材」と出会いました。コンサルティング会社での経験を持つその人材は、まず佐藤さんの1週間のスケジュールを棚卸しすることから始めました。

◆会議の成果を検証し、無駄な時間を徹底削減する

分析の結果、以下のような課題が明らかになりました。

・**週30時間以上が会議に費やされている**
・**同じようなタイトル、内容の会議が複数存在**
・**資料作成の時間効率が圧倒的に悪い**
・**本来の得意分野に充てられる時間は月にわずか2時間**

この状況を改善するため、外部の人材は「ＥＣＲＳの４原則」を提案しました。これは製造業で生まれた業務改善の手法です。

・**排除（Eliminate）**
・**結合（Combine）**
・**交換（Rearrange）**
・**簡素化（Simplify）**

この４つの視点で業務を見直す手法で、ＩＴ分野の経験が長い事業部長にとっては初めての概念でした。

数ある業務の中で着手したのが会議の見直しでした。すべての会議について、

・目的は何か？
・どんな成果が生まれているか？
・その参加者が本当に必要か？

を検証。その結果、以下のような改善を実施しました。

・夜の進捗会議の廃止、朝会に統合
・参加者を必要最小限に絞り込み、あるいは会議を開催せずにデスクでその場で相談
・報告事項はチャットツールでの共有を中心に、会議での報告時間を削減
・会議開催時間の基本ルールを30分に設定

次に、報告資料の作成業務をプロ人材に委託。佐藤さんは方向性と重要なポイント、過去の参考資料を伝えるだけで、資料作成の大部分を任せられるようになりました。

これらの取り組みにより、佐藤さんのスケジューリングは大きく変化。空いた時間で他部門との対話が増え、新たなビジネスチャンスも見えてきました。

例えば、開発部門と協力して既存顧客向けの新サービスを立案。また、ソリューションを持つ他部署と顧客情報を共有し、効果的なクロスセルの機会も発見できました。

◆会議時間は半減、四半期売上は20％増を達成

取り組み開始から3か月後、具体的な成果が表れ始めました。

- **会議時間が週30時間から15時間に半減**
- **部全体の残業時間が平均30％減少**
- **四半期の売上目標を１２０％達成**
- **関連商品を提案、追加購入してもらうクロスセル率の向上**

しかし、最も重要な変化は佐藤さんの働き方でした。「会議と資料作成に追われる毎日」から、「チームや他部門との対話を楽しむ余裕のある日々」へと変わっていったのです。

外部の目が、佐藤さんにとっては当たり前と思っていた働き方を見直すきっかけになりました。特に、会議の目的を明確にし、本当に必要な参加者だけに絞ることで、組織全体の生産性が上がりました。

現在は、他社との協業案件の責任者も任されたり、他部門との協業を進めたりすることで、売上も前年比で倍増するなど、佐藤さんの強みを活かした成果が表れ始めています。さらには、人材の定着率改善にもつながり、それも売上の拡大に寄与しています。

この事例は、専門家という「外部の目」に頼ることで、当たり前になっていた非効率の業務習慣を見直すきっかけを得られることを示しています。

特に「会議を減らす」という一見シンプルな施策が、組織全体の生産性向上と、本来の強みを活かした成長につながった好例と言えるでしょう。

【事例3】　クラフトビール会社が新規事業で売上1.5倍に成長！

次に、実際に私が「社外番頭」として伴走した事例を紹介しましょう。人手不足や流通面の課題を抱えているクラフトビール企業の話です。ビールの味と社長の想いにほれ込んだ私をビジネスパートナーとして迎え入れ、そのアイデアとノウハウを活用して全国展開を実現したケースです。

＊＊＊

私がミシュラン店をはじめとした人気店にクラフトビールを提供する『アウグスビール株式会社』の坂本健二社長と初めて出会ったのは2018年でした。

それまで私はビールといえば質より量派で、クラフトビールにはほとんど関心がありませんでしたが、知人の社長を介して偶然お会いする機会がありました。

アウグスビールは10名近いメンバーで構成される組織でしたが、中核となるのは社長を含む3名のメンバーでした。坂本社長との飲み会で「アウグスビールをどう全国に届けていくのか」という話題が出ました。

アウグスビールは当時、都内を中心に300店舗近くにビールを提供していましたが、さらに全国へ広げていきたいと坂本社長は語っていました。その規模で300店舗に納入できているのは、社長をはじめとする皆さんの圧倒的な営業力の証《あかし》でした。一方で、人手不足や流通面の課題を抱えており、関東を越えて自社のビールを売ることは難しいと話していました。

さらに、より大きな課題がありました。それは、クラフトビール会社の存在意義そのものであり、同時に全国販売と「矛盾」する課題でもあります。

その理由は、〝美味しいビールは距離には勝てない〟ということです。工場で出来立てのビールほど旨いものはありません。資本主義の論理の中で、コストを抑えて大衆向けに販売するビールとは異なり、手間暇をかけて造るクラフトビールは、その分味わい深いものになります。

そんなタイミングで、坂本社長と小さなビール工場のある店舗で飲む機会がありました。その工場で造られたビールを初めて飲み、まさに「工場で出来立てのビール」の素晴らしさに感動したのを覚えています。

当初は資金調達の話でしたが、この「小さなビール工場」にひらめきを得て、出資の条件として「小規模クラフトビール工場を全国に広める」事業を一緒に進めたいと提案しました。

この事業であれば、「自社のビールを全国に届ける」必要はありません。坂本社長の考える美味しいビールの哲学が日本全国に広まれば、さまざまな地域で美味しい出来立てのビールが造れるはずです。

全国で美味しいクラフトビールが飲めることは、社会を豊かにすることにもつながりますし、加えて、「本家であるアウグスビールを一度は飲んでみたい」という需要にもつながると考えました。

◆美味いビールが「距離に勝てない」のなら、全国に小規模ビール工場を造ろう

ビール工場の立ち上げ支援は、コンサルティングや設備提供の売上であるため、従来のビール販売とは異なり、1店舗の開拓に伴う売上と粗利が大きくなるチャンスでもありました。これは坂本社長にとっても魅力的な提案となります。

社外番頭として伴走する私としても、ビール工場の立ち上げ支援には経営コンサルティングの要素も含まれているため、自分の経験が活かせます。美味しいビールの考え方を伝えていく過程にも面白さを感じました。

ビール業界に関わったことのない私の提案でしたが、坂本社長がこれを快諾してくださり、アウグスビールへの出資が実現しました。

この新事業は、まだ世間一般になじみのない考え方だったこともあり、既存のお客様への影響も考慮して、当初はグループ会社を立ち上げました。「そのグループ会社が独自に展開している」という形で活動を開始し、私もその取締役に就任しました。

そのため、アウグスビールは従来の飲食店向けのクラフトビールの製造・販売を担当し、一方のグループ会社は全国の企業への「クラフトビール工場」導入の提案・立ち上げ支援を担当する形で、お互いの役割を分担しました。

◆「PR TIMES」を活用した広報活動を展開

アウグスビール社の強みは、1対1の場面における坂本社長の圧倒的なプレゼン力でした。その強みを活かしながら、事業を伸ばすために必要な要素を検討しました。

課題として浮かんだのは、「クラフトビール工場を造ってみたい」というニーズを持つお客様との出会いを創出するための仕組みづくりです。これは社長や会社がこれまで取り組んだことがなく、かつ、経験豊富な人材もいない領域でした。

そこで最初に着手したのが、クラフトビール開業の魅力が伝わるプレスリリースを毎月発信すること。「ＰＲ《ピーアール》 ＴＩＭＥＳ《タイムズ》」を活用した広報活動を始めたのです。

「ＰＲ ＴＩＭＥＳ」とは、企業や団体が自社の情報を発信し、ＰＲ記事を公開できるプレスリリース配信サービスです。これにより、特定のキーワードと媒体を活用して、検索対策に強い自社メディアを持たずとも情報発信の効果を高めることに成功しました。

具体的には、坂本社長との対話やクラフトビール工場を開業した企業とのインタビューを重ねる中で明らかになった、「潜在顧客が検索で使うキーワード」を記事に反映させていったのです。

その結果、インターネット検索でプレスリリースを見たお客様からの問い合わせが毎日来るほどの勢いになっていきました。

そこからは、企業向けの営業手法もブラッシュアップしていきました。初期の案内は私が担当するものの、「ここは坂本社長に話をしてもらうと圧倒的な魅力が伝わる」というポイントも見えるようになりました。

２０１９年から、受注が本格的に始まりました。当時、人気のクラフトビールメーカーの活躍や情報発信によってクラフトビールがコンビニでも販売されるようになるなど、世間での人気が高まり始めていたこともラッキーでした。

また、かつての地ビールブームを超えるビール工場が生まれてきたこともあり、メディアでもクラフトビールが注目されやすい環境でした。「ＰＲ ＴＩＭＥＳ」戦略の成功も相まって、テレビ、新聞、雑誌などでもアウグスビールが取り上げられるようになり、広告費をかけないゼロ円集客を実現できたのです。

◆全国30超のクラフトビール醸造所開業に関わる

その頃から状況が変化してきました。アウグスビールへの問い合わせは、以前は脱サラ開業希望者が中心でしたが、地域活性化を目指す企業からの相談が増えてきたのです。

地元企業の「新規事業」あるいは「会社の象徴となる商品」としてクラフトビールが注目されるようになりました。

こうした企業との対話を通じて、企業がクラフトビール開業を検討する際に用いる「検索キーワード」がより明確になってきたため、Ｇｏｏｇｌｅのリスティング広告も活用し始めました。

セミナーを活用したマーケティングにも取り組み、完全なゼロ円集客ではなくなりましたが、今でも少額の予算で多くの大手企業をはじめ、さまざまな企業と打ち合わせをさせていただいています。

２０２４年時点で、クラフトビール醸造所を開業した企業は20社を超えています。現在支援を進めている企業も合わせると、30を超える地域で「地元の新名所」となるクラフトビール醸造所の立ち上げに関わることができました。

この間に同社の売上は、コロナ前の業績の1.5倍まで成長しています。

【事例4】 格闘技ジムがマーケティング活用で客数倍増、単価も1.5倍に成長！

習い事や施術など、個人の技術や魅力に依存した専門性の高いサービス業では、いつしか成長に限界を感じるものです。しかし、適切な「外注力」を活用できれば、まだまだ成長は可能であることがわかるケースを紹介します。

＊＊＊

中小企業の経営者にとって、新規集客と収益向上は常に大きな課題です。特にサービス業では、個人の技術や魅力に依存した経営になりがちです。

ここで紹介するのは、ブラジリアン柔術ジムの事例です。

ブラジリアン柔術は、日本から派生し、ブラジルで発展した格闘技で、寝技を中心とした柔術が特徴です。

近年、格闘技ブームや一部の芸能人の大会参加などで注目され、老若男女問わず楽しめるスポーツとして人気を集めています。特に、体格差があっても技術で勝負できることから、女性や体格に自信のない方にも人気があります。

このジムは、代表が世界大会で優勝した実績を持ち、これまでの職務経歴からサービスや指導力には定評がありました。私は、代表とはビジネスリーダーを中心とした勉強会で出会い、お食事にも誘っていただくなど懇意にしていました。その中でいただいた課題が、以下のような内容でした。

実際に体験会に来た人の入会率は7割を超えるほどで、これは業界内でも突出した数字でした。代表のレッスンは丁寧で、初心者から毎日通う競技志向の方まで、それぞれのレベルや目的に応じた指導が好評でした。

しかし、経営面では課題を抱えていました。新規集客は紹介や代表個人のSNSでの投稿に依存しており、安定性に欠けていたのです。また、収益源は月謝が中心で、それ以上の収入を得る手段が確立されていませんでした。経営面での戦略的な取り組みが後手に回っていたのです。

◆マーケティングを強化して集客の改善から始める

この状況を打開するために、私がまず着手したのが、マーケティングです。代表の高い指導力と体験会での圧倒的な成約率という強みを活かすため、体験会に特化したLP（ランディングページ）を制作しました。

このLPでは、ブラジリアン柔術の魅力を初心者にもわかりやすく伝えることに注力しました。「安全で無理なく始められる格闘技」「継続率9割」「ダイエットに効果的な理由」といったメッセージを前面に出し、運動が苦手な人や格闘技未経験者の不安を払拭《ふっしょく》する内容としたのです。

また、実際の会員の声を載せ、具体的な成果をイメージしやすい構成にして、スポーツジムで続かなかったお客様などにも訴求できる内容としました。

さらに、当初は比較的所得のある男性会員が多かったため、地域でのSNS利用状況も見ながら、Googleのリスティング広告にターゲットを絞り、集客活動を展開しました。キーワードを細かく設定し、効率的な広告運用を実現しました。

その結果、年間の新規会員数は100名を超え、その地域の同業他社の平均的な獲得数を大きく上回る成果を上げることができました。

◆新たな収益源として新サービスを開発して客単価1・5倍に

集客改善と並行して取り組んだのが、新たな収益源の開発です。代表の高い指導力を活かしたパーソナルサービスの商品設計を行いました。

特に好評だったのが、初心者向け早期学習コースと大会向けコースです。初めてグループレッスンに参加される方は、右も左もわからず、他の会員に教えてもらうものの、気恥ずかしいせいか、なかなか積極的になれない方もいらっしゃいます。

そういった方向けに、マンツーマンで柔術における基礎運動ができ、レッスンにもすぐについていけるパーソナルメニューを導入しました。

これによって単価が向上し、かつ、うまく運動になじめずにやめてしまう退会者の防止にもつながりました。

また、ブラジリアン柔術で黒帯を目指す過程では、多くは大会での勝利などをきっかけに昇格がなされるため、大会でしっかり結果を出すことを希望する人がたくさんいます。

そのため、大会前になると試合対策に特化したパーソナルトレーニングを利用するケースが増えました。

これらの新サービス展開により、従来の月謝だけでなく、より高単価のサービスを提供することが可能になり、平均顧客単価を1.5倍に増加させることができました。

サービスの多様化により、会員の継続率も向上し、安定的な収益基盤を構築することもできたのです。

この成功の背景には、外注力を活用した体系的なアプローチがありました。

マーケティングと商品開発に経験がある外部の人材を活用することで、それぞれの分野で最適な施策を実施することができたのです。

特に重要だったのは、代表の強みを活かしつつ、その魅力を最大限に引き出す仕組みをつくったことです。代表は引き続き指導に集中することができ、そのクオリティの高さが口コミを生み、さらなる集客につながるという好循環を生み出すことができました。

口コミは、グーグルマップに反映させることで、多くの評判・評価がたまるようにもなり、そうすることで広告費をかけずとも集客につながるような仕組みにもなっていきました。

この事例は、個人の技術や魅力に依存したビジネスであっても、適切な外注力を活用できれば、大きな成長が可能であることを示しています。

専門家の知見を活用することで、これまで見えていなかった成長の機会を見出し、実現することができるのです。特に、技術指導と経営の両立に悩む専門性の高いサービス業において、外注力の活用は有効な解決策となり得ます。

【事例5】 経営者が初めての経営計画策定で数千万円の融資獲得に成功!

事例4の続編です。経営に関わったプロ人材が、単なる業務支援にとどまらず、金融機関との折衝など、**企業の存続に関わる重要な局面でも大きな力を発揮したケースです。**

＊＊＊

この事例も同じ格闘技ジムの話ですが、今回は外注力の活用により、金融機関を巻き込んで経営改善と資金調達を実現できたケースです。

新型コロナウイルスの感染拡大は、多くのビジネスに大きな影響を及ぼしました。特に対面でのサービスを提供する業態は深刻な打撃を受け、このブラジリアン柔術のジムもその例外ではありませんでした。

それまで順調に成長を続けていたジムですが、緊急事態宣言の発令により、一時的な休業を余儀なくされました。

その後も、人との接触を伴う格闘技という特性上、多くの会員が活動を控えるようになり、新規入会者も激減。さらに、感染対策のための消毒作業や換気設備の導入など、新たなコストも発生していました。

この危機的状況に対して、まず着手したのが業務診断です。新規の流入が少ない時こそ、現状業務を見直し、抜本的に見直すチャンスです。「今いる人員で効果的に業務を行うには、何を断捨離すればよいか？」「特定の人に業務がたまっていることで全体の効率を下げてしまうことはないか？」を見直しました。

これにより、コロナ禍以降に業績が伸びた際にも、システム改善や追加の人員というコストが増える要因をすぐに削ぎ落とし、筋肉質な体質にしていきました。

◆事業の持続可能性を高める取り組みも同時に行う

これまでは無借金経営でしたが、事業を継続していくためには、より安全な運転資金の確保が必要でした。そこで、経営計画の策定に取りかかりました。

まず、顧問税理士や会計士と密接に連携し、財務状況の詳細な分析を行いました。そのうえで、コスト削減策や新サービスの収益予測を盛り込んだ、具体的な数値に基づく経営計画を作成しました。

特に注力したのが、資金繰り計画の策定です。月次ベースでの収支予測に加え、最悪のシナリオも想定した複数のケースを準備。さらに、感染状況の推移に応じた事業計画の変更シナリオも用意しました。

これらの資料をもとに、メインバンクとの交渉を開始。新型コロナ対策の制度融資も活用し、最終的に5000万円の融資を獲得することができました。銀行からは、「具体的な数字に基づく計画と、複数のシナリオを想定した対応策が説得力を持った」との評価を得ました。

重要だったのは、単なる資金調達ではなく、事業の持続可能性を高める取り組みを同時に進めたことです。例えば、獲得した資金の一部を活用して、オンライン指導用の機材を充実させました。これにより、緊急事態宣言下でも会員へのサービス提供を継続することができ、退会防止にも効果を発揮しました。

この事例は、外注力の活用が、単なる業務支援にとどまらず、企業の存続に関わる重要な局面でも大きな力を発揮することを示しています。

特に、金融機関との折衝など、経営者単独では材料の整理に手間取り、対応が難しい局面において、外部に頼ることでよりスムーズな条件交渉につなげることができました。

現在、このジムはコロナ禍の影響を乗り越え、東京にもサービスを展開し、新たな成長フェーズに入っています。

【事例6】 大手小売業の提携により新規集客と数千万円の粗利獲得に成功！

店舗の接客やサービスに強い眼鏡チェーンの事例です。提携企業交渉の領域で外部人材を起用したことで、厳しい広告宣伝費予算の中でも事業成長し、新たな顧客層の開拓に成功しています。

＊＊＊

これは、外注力の活用により、大手小売業との提携を実現し、新たな集客チャネルを開拓した企業のケースです。

この会社は、かつて安売りセールで業界に革命を起こした眼鏡チェーンですが、同業他社の追随や価格競争の激化により、厳しい経営状況に陥っていました。既存店舗の新規来店客数は前年比で減少傾向が続き、広告宣伝費も大幅に制限されるなど、再建途上にありました。

とはいえ、この企業には他社にない強みがありました。安売りセールで知られていた一方で、目の健康を考えた最適なフレームの角度調整など、高い技術を持つスタッフが残っていたのです。

彼らは長年の経験から、顧客一人ひとりの顔や耳の形や、生活スタイルに合わせた細かなフレーム調整や、レンズの最適な視力調整の提案を行うことができました。

◆大手カード会社との提携で新規顧客獲得に成功

この技術力という強みを活かしながら、広告費をかけずに新規顧客を獲得する方法はないか。そこで着目したのが、大手企業との提携による集客戦略です。

まず取り組んだのが、大手カード会社との戦略的な提携です。

カード会社が展開するマイレージプログラムとの連携を実現しました。これは非常に重要な転換点となりました。マイレージプログラムの会員は、一般的に所得が高く、サービスに対する付加価値の理解も深い傾向にあります。そのため、この企業の技術力や品質の高さを適切に評価し、選択していただける可能性が高い顧客層でした。

ただ、この手の施策は店舗の日常業務の中にスムーズに流れ込まないと、適切な利用案内ができなかったり、店舗決済の処理に手間がかかったりと、お客様の悪評につながり店舗スタッフも案内をしなくなるといった懸念があります。

そのため、同社の経営改革の中で行われていた全国の各店舗の清掃やポスティング、ＰＯＰの張り替えなどを手伝うキャラバンに参加し、現場業務を見たうえで、店舗に負担のかからない業務プロセスを設計しました。

このアプローチが功を奏し、マイレージプログラム会員の中でも特に年収の高い顧客層の来店が増加。高機能レンズやブランドフレームなど、付加価値の高い商品の販売も伸びていきました。

さらに、マイル還元の魅力から、コンタクトレンズなどのリピート購入にもつながり、安定的な収益基盤を構築することができました。

効果的だったのが、カード会社の決済データを活用したターゲティング施策です。競合他社での購買履歴がある顧客に限定したＤＭの送付や、特別優待クーポンの発行などを実施。これにより、眼鏡やコンタクトレンズの利用経験者の買い替えタイミングに効果的に宣伝し、集客することにもつながりました。

◆健保組合の福利厚生サービスとの連携で高単価商品の販売に成功

また企業提携は業種等の競合や業務の煩雑性が増さなければ、複数社と提携したほうが集客数の拡大につながります。

そこで、次の提携候補として注力したのが、健康保険組合・福利厚生サービスの運営企業でした。企業の健康保険組合では、従業員の福利厚生の一環として、カフェテリアプランと呼ばれる、組合の予算で従業員一人ひとりにポイントが付与され、そのポイントを使い商品を購入できる仕組みがあります。従業員は実質的な出費を抑えながら、より良質な商品を選択できるというメリットがあるシステムです。

また、この仕組みを活用するうえで、もう1つの狙いがありました。それは、高単価商品の販売促進です。通常、価格を重視する顧客は安価な商品を選びがちですが、健康保険組合の補助があることや、ポイントの有効期限もあるため、

「いつもより良いもの」を選択しやすいということでした。

さらに、この提携企業は、外資系の日本法人など、比較的給与所得が高い企業の福利厚生サービスを手がけていたため、高単価なサービスに対して従業員が受け入れやすい土壌があることも、提携候補として有望な点にありました。

提携を成功させるうえで重要だったのは、まず全国展開していること、経営の将来的な安全性の説明でした。

全国に支店を展開する企業の健康保険組合も多いため、特定の地域展開の企業だと、一部の社員しかメリットを享受できなくなります。福利厚生としては適さないと判断されることもあるため、現在及び今後の出店計画についても提携候補企業に説明させていただきました。

また、単発で終わってはサービスとしての安定性がなくなるため、公表しているIR情報などを整理して、今後の自社の成長可能性についても説明しました。

加えて大事なことが、単なる眼鏡販売ではなく、「従業員の健康管理」「目の健康」という文脈で提案したことです。健康保険組合という特性との相性の良さも提案しました。

また、この特徴は、今までの安売りセールの歴史や直近の広告宣伝費の圧縮によりあまり知られていなかったため、こうした提携サービスを通じて認知を広めていくことも副次効果として期待しました。

ただしこの提携施策も店舗と同様に決済やポイントの処理にもたついては、継続利用につながりません。そのため、提携候補企業とも稟議準備状況を共有しながら最適な業務フローを共に検討して、社内承認を獲得し、提携に至ることになりました。

このような取り組みの結果、店舗出店のような初期投資をかけることもなく、年間数千万円の粗利を得ることにつながりました。特に重要なのは、この利益が継続的に見込めるという点です。一度構築した提携の仕組みは、その後も安定的な収益源として機能し続けています。

これは、店舗の接客やサービスに強い企業が、ＢtoＢの提携交渉というこれまで取り組みが浅かった、あるいは過去にあったけれどもやめてしまっていた領域を外部の力を使って補完したことにより、厳しい広告宣伝費予算の中でも事業成長し、新たな顧客層の開拓に貢献できたことを示しています。

特に、「人・時間・お金」の限られた経営資源の中で成長を目指す企業にとって、外部人材を活用した戦略的な提携は、有効な選択肢となり得るでしょう。

第4章

「頼る人」が使う6つのテクニック

外注力が高い「頼る人」になるための条件

第1章から第3章まで、「外注力」の重要性とその活用事例を見てきました。これらの事例に共通するのは、**外部の人材を適切に活用することで大きな成果を上げている**という点です。

しかし、ただ単に外部の力を借りればよいというわけではありません。そこで第4章では、**「外注力が高い人」が持つ6つのテクニック**を見ていきます。

外注力は、外部人材ができること、できないことを理解したうえで、効果的に活用するテクニックです。もちろん、このすべてができていないといけないわけではありません。「すべてできるようになる」という発想は、第1章で記した「すべて自分でやろうとする状況」と変わらないからです。

この中から自分が実践できそう、あるいは磨き込みをかけられそうなポイントに焦点を当て、読んでいただければと思います。

「外部人材」ができること、できないこと

できること

- 他業界の知見を活かした新しい視点の提供
- 実践に基づく実行計画の策定
- 投資対効果を踏まえた、的を絞った実行・伴走
- リーダーがメンバーに伝えたいことの第三者話法

できないこと

- 社内の人間関係の橋渡しや非公式なコミュニケーション
- 現場特有の暗黙知やノウハウの理解と改善

「外部人材」ができること

「外注力」を活用するにあたって、まず重要なのは、「外部人材ができること」と「できない」を正確に理解することです。

この理解なくしては、期待外れの結果や、余計なコストが発生してしまう可能性があります。上の表に、「『外部人材』ができること・できないこと」を整理したのでご覧ください。

それでは、「『外部人材』がで

きること」から具体的に見ていきましょう。

1 他業界の知見を活かした新しい視点の提供

外部人材の多くは、さまざまな企業での経験を持つプロフェッショナルです。例えば、マーケティング戦略の立案、財務分析、人事制度の設計など、業種を問わず必要とされる専門領域において、豊富な知見を持っています。

第3章で紹介した眼鏡チェーンの事例（114ページ）は、アパレル業界の経験を持つ人材が新商品の少量販売と需要の見極めという新しい視点を提供し、高い在庫回転率の実現につながりました。

2 実践知に基づく実行計画の策定

さまざまなプロジェクト活動や、トラブル解決を経験しているので、その経験に基づく**地に足の着いた実行計画を策定する**ことが可能です。

例えば、システム導入のプロジェクトマネージャーであれば、ＰＭＢＯＫ（プロジェクトマネジメントの知識体系）などの体系的な理論と、数億円規模から中小企業の導入までさまざまな実践経験を得ています。そのような人材であれば、途中で起こるトラブルやリスクも鑑《かんが》みた、また工数としても適正な実行計画を提示できます。

この知見を活用できれば、社内外から期日ありきの計画を要請されている中でも、説得力を持ってスケジュール案の妥当性を説明することもできます。結果として、関係者の期待値調整にも外注力が活用されるわけです。

3 センターピンを見定めた実行・伴走

これは特に重要な点です。

外部の人材は、限られた時間と予算の中で最大の効果を出すことを求められます。そのため、過去の経験から、事業を進める、あるいは成果を生み出すセンターピンを見定め、その領域において、実務経験に基づいて効果的な進め方、段取りを踏まえて実行支援ができます。

例えば、事業提携や営業開拓において外部の人材を活用する際に、いわゆるテレアポ業務に活用するのはあまり時間対効果が良いとは言えません。むしろ、重大な商談における交渉のポイントの整理や資料構成、伝えるべきメッセージなどの**交渉のシナ**

リオの壁打ちをしてもらうのがいいでしょう。

さらに、交渉の場にも同席してもらい、要所で助け舟を出してもらうほうが、得たい成果に近づく確率が高まります。外部の人材は、実践経験が豊富なため、どこが勘所か嗅覚で感じ取ることができるため、このように的を絞った実行支援も可能なのです。

4 リーダーがメンバーに伝えたいことの第三者話法

これは、意外と重宝される内容だったりします。この依頼だけで、リピート受注している外部の人材もいます。

外注力を発揮して、自身の本来の強みに集中できるとなっても、部下の指示・マネジメントにおいては、一筋縄でいかないことが多いものです。特に、昨今はさまざまなハラスメントの対策にもリーダーは注意を払わなければなりません。成果がなかなか出ないスタッフを見ていると、つい「気合が足らない、行動量が足らない、考えの深掘りが足らない」などと指摘したくなるタイミングもありますが、それをそのまま口にしてしまっては、ハラスメントになります。

あるいは、口酸っぱく社員に助言していたとしても、「それは、○○さんだからできたんだ」ということで、かえって反発を買ってしまいます。

しかし、**外部の人材が話すと、皆が話を聞いてくれる**ということが多々あります。彼らは、その道で食べていけている「プロ」です。プロは人の敬意も集めやすく、社員によっては、自分もあのように活躍したいというロールモデルにもなります。そのプロが指摘すると、成長のヒントとして捉えられやすいのです。

そのため、「何を言うか」では話が浸透しないときには、「誰が言うか」に切り替えることでうまくいく場合があります。このような形で外部の人材に頼るのも1つの有効な手段になります。

「外部人材」ができないこと

一方、「できないこと」への理解も非常に重要です。

過度な期待値を抱いて発注してしまうと、お互いにうまくいかないばかりか、場合によっては、「あそこの仕事は受けないほうがよい」といった悪評につながり、良い外部の人材との縁を遠ざける可能性があります。

1 社内の人間関係の橋渡しや非公式なコミュニケーション

社内の人間関係の橋渡しなどは、短期的には成果を求めないほうがよい領域です。誰もが「わかっているよ」と思いつつ、社内の関係者、特に苦手な部署や力の強い部署とのコミュニケーションが面倒と感じてしまい、丸投げしがちな領域です。

誰がキーパーソンかという情報をもらったとしても、そのキーパーソンとの信頼関係がないため、すぐに活用できるものではありません。そのキーパーソンからしても、リーダーが自ら顔を出さず、いきなり外部人材にコミュニケーションまで任せたら、どのような印象を持つかは想像できるでしょう。

逆に、立ち上げ時期は、リーダー自らが外部人材を紹介してお膳立てするなどして、その後の外部の人材の成功を計画的に準備しておくことが重要です。

2 現場の暗黙知や熟練のノウハウの早期改善

暗黙知やノウハウに対する改善提案などは成果創出が難しい領域です。

例えば、製造現場での細かいすり合わせや、熟練社員の経験に基づくノウハウなどは、他社での経験が豊富であれば一定の勘所はつくものの、すぐに実行支援や改善まできるものではありません。

むしろ、早期改善を図ろうとすると余計な抵抗を生みます。暗黙知や熟練のノウハウには一定の敬意を払ったうえで、彼らの困りごとを聴きながら他業界など彼らの知らない事例からヒントを提供するほうが、受け入れられやすいものです。

このように、外部の人材ができること・できないことを理解することは、決して彼らの価値を制限するものではありません。むしろ、その強みを最大限に活かし、効果的な協力関係を築くための基盤となります。

「頼る人」は、外部人材を見極める選定基準をつくっている

前項では、外部の人材ができること・できないことを理解し、そのうえでのコミュニケーションや期待値を調整することの重要性を見てきました。では、このような理

解を踏まえたうえで、どのように適切な人材を見極めていくのか、その具体的な方法について見ていきましょう。

外注力が高い人は、単に経歴や実績だけを見るのではなく、**より深い視点で人材を見極めます**。具体的には、次の3つの観点から評価を行います。

①「What（何をやったか）」
②「How（どのように実現したか）」
③「Why（なぜその方法を選んだか）」

例えば、ある経営者が業務改善の専門家を探していた際、複数の候補者の中から最終的に選んだのは、必ずしも派手な実績を持つ人材ではありませんでした。

その専門家は、過去の業務改革プロジェクトについて「**どのように社内の反発を抑えながら進めたのか**」といった具体的なプロセスを、自身の失敗体験も含めて説明していました。

このような詳細な経験の共有は、その人材が単なる理論だけでなく、実務経験が豊富であることを示すと共に、仮説と結果検証のサイクルが回せていることから、次に類似の状況にあった際にも、同じ成果を出せる期待が持てます。

また、チームでの実績は、より慎重な確認が必要です。「チームで成功した」という説明だけでは、その人の能力がどこで発揮されていたのか不明瞭だからです。

それを見極めるためには、

「そのプロジェクトでのあなたの具体的な役割は何でしたか？」

「チーム内でどのような体制を組み、どのような役割分担で進めましたか？」

といった質問を通じて、個人としての実力を確認します。

そうすることで、チームの中でどういう役回りができるか、本当にチームをリードして、作業者ではなく責任を持ってやれたのかという判断ができ、その人に任せても大丈夫かが明らかとなってきます。

能力や実績より、「相性やフィーリング」を重視する

これまでお話ししたとおり、能力や実績は大事です。しかし、外注力が高い人が特

に重視するのは、実は別のポイントです。

それは**「相性やフィーリング」――価値観や仕事に対する姿勢の一致**です。

例えば、私が伴走したアウグスビールのプロジェクト（第3章・事例3）においては、「美味しいビールをつくりたい」と思い創業した社長に対して、単なる売上や成長を重視した提案はしませんでした。

特に、「味の追求は成長のために我慢する」というスタンスでは、かつて所属していた大手企業の体験の焼き直しになります。社長は、むしろそこに違和感を覚えて創業されたのですから、味の追求を大事にしながら、成長できる路線を探りました。

これが、私が現在もCOOとしてご一緒できている1つの理由だと思います。売上・成長のための意見やアドバイスをできる方ならほかにいくらでもいたと思いますが、**大事にしている価値観が合わないと、関係は長続きしません**。

それは、依頼を受けた外部人材にとっても同じことです。価値観の合わない発注者の方々とは仕事がかみ合わず、目指す方向性も異なるため、力を発揮しきれずに終わってしまうことがあります。

ですから外注力が高い人は、単なるスキルや経験だけでなく、こうした多面的な評価を通じて、自社の状況や課題に最適な人材を見出します。そのため、時には実績や単価よりも、**価値観の共有や進め方の丁寧さを重視して判断する**こともあるのです。

このような見極めのプロセスは、一見時間がかかるように思えるかもしれません。しかし、適切な人材を選ぶことは、その後の協業の成否を大きく左右します。前章で見た成功事例も、こうした慎重な人選があってこそ実現できたものと言えるでしょう。

「頼る人」は、外部人材の成功体験を計画的につくっている

優秀な人材を見つけてくるだけではダメで、外部の人材にその力を十分に発揮してもらうためには、適切な環境づくりが重要です。

では、見極めた人材に力を発揮してもらうにはどうすればいいのでしょうか？　その具体的な方法について見ていきましょう。

**外注力が高い人は、助っ人である外部の人材が早期に成功体験を得られるように準

備します。例えば、以下のような注意を払います。

1「クイックウィン」を意識したテーマ設定

外部人材が持つ専門性が最も活きる領域に焦点を当て、依頼内容を設計します。大事なポイントは、すぐに大きな成果を求めるのではなく、**比較的短期間で成果が出せる「クイックウィン」を意識したテーマ設定**を行うことです。

例えば、業務改善の専門家を招く場合、最初から全社的な改革ではなく、「3か月で特定の部署や工程に焦点を当てた生産性の改善から始める」といった具合です。

また、目標設定が重要です。「3か月で売上を2倍に」といった非現実的な目標ではなく、「まず現状の課題を整理し、優先順位の高い施策を3つ提案する」といった、達成可能な目標を設定します。これにより、彼らは自信を持って取り組むことができ、また成果も見えやすくなります。

彼らをサポートする側も、自分自身が当事者意識を発揮しつつ、自分が不得意なゆえに阻害要因になっていることを素直に認め、彼らにそこを支援してもらうというスタンスで依頼業務を選定することが重要です。

2 社内への事前周知と必要な情報の提供

外注力が高い人は、外部人材が効果的に機能するために必要な情報や環境を整えます。

特に重要なのが、事前の周知と説明です。**「なぜこの人材を招くのか」「どのような役割を担ってもらうのか」を明確に説明する**ことで、社内の協力を得やすくなります。

例えば、ある製造業の生産効率化のプロジェクトでは、事前に彼らと現場責任者との面談機会を設け、現場の課題や要望をヒアリングしました。

そのうえで、期待する役割と成果を説明し、現場の協力を取り付けたのです。この準備により、彼らは円滑に活動を開始でき、早期に具体的な改善提案を行うことができました。

また、社内の状況や過去の取り組み、非公式な人間関係など、**外部からは見えにくい情報を適切に共有する**ことで、彼らが効果的に活動できる環境を整えます。

「この部署とこの部署は過去にプロジェクトで対立があった」とか「この提案は3年前に検討したが、○○という理由で見送った」といった情報を事前に共有することで、無用な軋轢《あつれき》を避けつつ、より実効性の高い提案を行うことができます。

さらに、**リーダー自身の得意・不得意を素直に開示する**ことも1つの重要な情報提供になります。そうすることで、苦手領域について、先回りして考慮した支援が受けやすくなります。

外注力がうまく発揮できるかは、ほかの仕事と同様に**準備が8割**と思うくらいでちょうどよいでしょう。

3 適切な期待値の設定

外注力が高い人は、求める成果や達成までの期限など、その外部の人材が活動可能な時間も考慮して、**適切な期待値を設定**します。

例えば、こういった内容です。

「3か月以内に人事制度の説明会準備が必要なので、改定した制度の内容をもとに、社内向けの説明資料を準備してほしい。1か月で話の流れの骨子を決めて、残りの1か月で資料化し、社内確認を経た発表までの調整を手伝ってほしい。社内確認は私がやるので、資料づくり、磨き込みに専念してほしい」

一方で、**過度な期待や無茶な要望**は、外部の人材と良い関係性を築くうえでの障壁となります。短期的に成果が出たとしても、「この人とはもう仕事をしたくない」という状況を生み出しかねず、持続性の阻害要因ともなり得ます。

そのためにも、何をいつまでに目指したいと思っているのか、そのゴール設定自体が外部人材の専門性から見たときに妥当なのか、依頼前に対話することが重要となります。

4 「同じゴール」を目指す仲間としてのコミュニケーション

外注力が高い人は、限られた時間で最大の効果を得るため、効率的なコミュニケーション方法を確立します。

例えば、定期的な進捗確認や、課題が発生した際の速やかな相談態勢を用意しておくことが重要です。特に、依頼初期のタイミングは、彼らも手探りの中で情報を整理したり、社内の人間関係を見極めたりするため、困ったことはないか、些細なことでもいいので確認するようにしましょう。

一番よくないのは、**依頼して以降コミュニケーションをとることもなく、ふと気づいたときに「あれどうなっていますか?」という確認だけするパターン**です。外注力の発揮においては、「同じゴールを目指す仲間」という一体感を得られるコミュニケーションが重要となります。

コミュニケーションは、リーダーと外部の人材の間だけにとどまりません。**成功体験を組織全体で共有する**ことも重要です。

例えば、前述の製造業では、外部の人材の提案により実現した工程改善の成果を毎月の全体会議で報告しています。これによって数値的な改善だけでなく、現場の作業者の声なども含めて共有することで、他の部署からも改善提案を求める声が上がるようになりました。

小さな成果であってもその意義を適切に評価し、社内に発信していくことで外部の人材への信頼が高まり、次のステップに向けた協力も得やすくなります。

以上のとおり、リーダーが心置きなく自分の仕事を任せるためには、成功体験を事前に準備しておくことが大事なのです。

成功体験をつくることは、配慮ではありません。それは、投資した時間とコストを確実に成果に結びつけ、さらなる改善や成長につなげるための重要な戦略なのです。そして、その成功体験をしっかり社内に認知・浸透を図ることで、さらに外部の人材が活躍していく土壌をつくることが重要となるのです。

「頼る人」は、指示せず、相談している

外注力が高い人の特徴は、外部人材に対して**「指示」ではなく「相談」する姿勢**があることです。これは単なるコミュニケーションスタイルの違いではなく、外部の人材の専門性を最大限に活かすための重要な要素となります。

では、なぜ「指示」ではなく「相談」なのでしょうか。

外注する領域というのは、そもそもリーダーや社内には十分な知見がない、あるい

は時間を割けない分野であることが多いはずです。そのような領域で細かい指示を出すことは、彼らの専門性や経験を活かせないだけでなく、かえって成果を損なう可能性があります。

例えば、ある製造業の経営者は、工場の生産性改善のために外部の人材を招きました。当初、経営者は自身の製造業での経験から「こうするべきだ」と具体的な指示を出していましたが、なかなか成果が上がりません。

そこで、**「現場の課題をどう見ているか」「他社ではどのような解決策が効果的だったか」**など、意見を聞く姿勢に転換したところ、経営者自身が気づかなかった視点からの提案が出てくるようになり、部品の共通化や歩留まり率の改善を実現できました。

特に、企画やアイデアを求める場合には、相談形式でのコミュニケーションが効果的です。

「こういう課題があるのだが、どのような解決策が考えられるか」

「同様の課題に直面した他社では、どのような対応をしたのか」

このように意見を求めることで、外部人材が持つ知見やノウハウを幅広く引き出すことができます。

また、社内メンバーへの作業指示や進め方についても、彼らに相談することで効果的なアプローチが見えてきます。

「このメンバーにこの業務を任せたいのだが、どのような指示をすれば効果的だろうか」

「チーム全体のモチベーションを保ちながら、どのように進めていけばよいか」

このような観点での相談は、外部の人材が持つ経験に基づいた示唆を得られる機会となります。

ただし、ここで重要なのは、最終的な判断はリーダー自身が行うということです。外部人材は、その専門性を活かしてさまざまな選択肢や可能性を提示してくれますが、彼らの意見や提案の中から何を採用するか、どのように実行していくかは、リーダーの責任で決定しなければいけません。

この**「相談と決定の関係」を明確にする**ことで、彼らも安心して意見を出すことができます。「自分の意見がそのまま採用され、責任を取らされる」というプレッシャーから解放され、より自由な発想で提案ができるようになるのです。

さらに、相談ベースのコミュニケーションは、外部の人材のモチベーション維持にも効果的です。「指示」される立場ではなく、**「専門家として意見を求められる、任せてもらえる」立場**として扱われることで、より主体的に課題解決に取り組むようになります。

例えば、ある小売業では、新規出店の計画立案において、外部人材に具体的な作業指示をするのではなく、「どの地域に、どのような形態で出店すべきか」という相談から始めました。

その結果、その人材は自身の持つ市場分析の手法や、他社での経験を積極的に活用し、当初想定していた新規出店ではなく、M&Aを活用したエリアの展開、そこからのブランド融合という、その地域での小売業のブランド認知度の弱点を補う提案をしてくれました。結果として、良い買収候補が見つかり、その年の新規出店の数値目標も一気に達成できることとなりました。

このように、「指示」ではなく「相談」するアプローチは、外部の人材の専門性と経験を最大限に引き出し、より大きな成果につなげるための重要な要素となります。

ただし、これは「すべてを相談に委ねる」という意味ではありません。むしろ、相談によって得られた知見をもとに、**リーダーが明確な判断を下す**という、バランスのとれた関係性を構築することが、外注力を高める鍵となるのです。

「頼る人」は、判断軸を決めている

前項では、外部人材に対して指示するのではなく、相談することの重要性についてお話ししました。そして、相談して得られた意見をもとに、リーダーが自ら決めることにも触れました。本項では、その「**決める**」**というプロセス**について、より具体的に見ていきましょう。

まず重要なのは、彼らから提案された手法や解決策を、**その手法自体の良し悪しで判断しない**ということです。

例えば、マーケティングの専門家から「SNSを活用した集客施策」の提案を受けた際、「うちの会社はＳＮＳには向いていない」といった既存の価値観だけで判断するのは適切ではありません。

では、どのように判断すればよいのでしょうか。ポイントは以下の３つです。

1 想定される成果と、それに必要な投資（人・時間・お金）のバランス

１つ目の「成果と投資のバランス」については、ある人材紹介会社の事例を見てみましょう。

この会社では、人材マッチングの生産性向上のために外部人材から、「マッチングまでのプロセスのフルオートメーション」という提案を受けました。

提案自体は理想的でしたが、必要な投資額と、実際に納得のいく求人案件の提案には人による調整が重要という観点から、まずは「重要工程に絞ったデジタル化」という方針を決定。その代わり、浮いた予算で現場スタッフのコミュニケーション研修も同時に進めることにしました。

2 自社が抱える他の課題との優先順位

2つ目の「他の課題との優先順位」については、ある飲食チェーンの事例が参考になります。

この企業では、外部人材からキャッシュレス決済システムの全店導入という提案を受けました。提案自体は将来的な業務効率化に向けて有効でしたが、同時期に食材原価の高騰という緊急課題に直面していました。

そこで経営者は、まずは食材の仕入れ改革を優先し、キャッシュレス決済については売上の良い店舗から段階的に導入するという判断を下しました。この判断により、限られた経営資源を最も重要な課題に集中投下することができました。

3 現状の組織体制や能力での実現可能性

3つ目の「組織体制や能力での実現可能性」については、ある製造業の事例が参考になります。

この会社では、外部人材から品質管理体制の刷新について、最新のIoTセンサーを活用した提案を受けました。しかし、現場の管理職の大半がアナログ世代で、デジタル機器への抵抗感が強いことを考慮しました。

まずは、特定の商品領域に絞り、品質管理の基準と手順の明確化を進め、その過程で若手社員を中心にデジタル化推進チームを結成。目に見える成果を組織内で見せたうえで、デジタル化推進チームの各メンバーをアンバサダー（伝道師）として配置することで、各部署で段階的なデジタル化を進めました。

このアンバサダーが現場での細かい質問にも答え、丁寧に指導できたおかげで、反発も抑えながら、着実に改善を実現することができました。

大事なのは外部人材の提案を採用しないときの対応

このように、明確な判断のもとに成功する事例はよいのですが、この判断プロセスで重要なのは、実は**提案を採用できない場合の対応**のほうです。

実は、先の事例においても、そのまま提案を受け入れていないように、現実には初期の提案をそのまま受け入れることはなく、改善を重ねて企画が実行に移されることのほうが多いでしょう。

外注力が高い人は、提案を採用しない場合、その理由を外部人材にしっかりと

フィードバックします。

「現状の予算では実現が難しい」

「もう少し段階的なアプローチが必要」

このような具体的な理由を説明したうえで、「別のアプローチの可能性はないか」と改めて相談するのです。

ここで、**最も避けるべきなのは、外部人材の提案を「自分なりに改良する」ということ**です。なぜなら、専門家の提案には、実現のためのさまざまな前提条件や制約が組み込まれているからです。

例えば、マーケティング施策であれば、費用対効果の試算、必要な人員体制や各人員のスキル、実施スケジュールなどが相互に関連付けられています。その一部を変更することは、全体の整合性を崩してしまう可能性があります。

ある小売業では、外部の人材から新規店舗のコンセプト提案を受けた際、「コストが高すぎる」という理由で、提案とは異なる安価な設備を海外から仕入れようとしました。

結果として、通関業務がうまくいかずに、当初の出店計画が半年以上の遅延、さらに機材にも不備が見つかり、店舗開業当初は十分な商品・サービスが提供できずに、売上は計画の半分も達成できず、赤字を垂れ流す結果となってしまいました。

その外部人材は輸入実務にも長けていたので、出店計画と輸入にかかるリードタイム、資金回収のスケジュールなどのさまざまな前提を織り込んだうえで、多少コストが高くてもその投資をすべきという提案でした。しかし、経営者は数字だけに目が行ってしまい、その前提条件を見落としていたことが失敗の要因となりました。

このような事態を避けるために、**外注力が高い人は、提案の修正が必要な場合、必ず彼らと相談しながら進めます**。

＊予算を見直す場合↓「この予算内で実現可能な方法はないか」
＊時期を見直す場合↓「より段階的なアプローチは考えられないか」
＊実施体制を見直す場合↓「現状の体制で実現できる方法はないか」

このように具体的な制約を示したうえで、新たな提案を求めることで、実現性の高い解決策を見出すことができます。

外注力の真価は、**外部人材の専門性を最大限に活かしながら、自社の状況に最適な判断を下せる**ことにあります。

それは、提案をそのまま受け入れることでも、一方的に否定することでもありません。提案の本質を理解し、自社の状況と照らし合わせながら、最適な判断を下していく。その過程で必要な修正は、必ず外部人材と対話しながら進めていく――。この一連のプロセスを実践できることが、外注力が高い人の特徴なのです。

「頼る人」は、手放す領域を意図的に広げている

前項までで、外部の人材への相談の仕方や、その提案をもとにした判断の方法について見てきました。ここまでの実践により、外部の人材と良好な関係を築き、成果を出せるようになってきたことと思います。

しかし、外注力が高い人は、ここで満足せず、さらに自身の強みを発揮できる領域に注力するために、**手放す領域を拡げていきます**。では、具体的にどのように手放す領域を拡げていけばよいのでしょうか。

まず第一歩は、自身の業務の棚卸しです。例えば、ある経営者は以下のような形で、自身の業務を可視化することから始めました。

＊日々の業務を30分単位でリストアップ

＊それぞれの業務について、以下の視点で採点（1〜5点）

・自身の強みが活かせているか

・時間当たりの生産性は高いか

・会社の成長への貢献度は高いか

・点数の低い業務から、手放しの検討を開始

この経営者の場合、採点の結果、以下のような気づきがありました。

＊高得点……重要顧客との商談、新規事業の立案、経営戦略の策定
＊低得点……日常の経理処理、採用面接の一次選考、業績管理資料の作成

では、低得点の業務をどのように手放していけばよいのでしょうか。手放し方には、主に以下の3つのパターンがあります。

1 「外部人材」に対して追加で依頼できないか確認する

1つ目は、現在一緒に仕事をしている外部人材に、追加で依頼できないか確認する方法です。

例えば、ある人材紹介会社では、採用業務の集客支援をしてもらっている外部人材に、「一次面接も任せられないか」と相談したところ、その人材は採用業務全般に精通しており、喜んで引き受けてくれました。

さらに、採用活動に従事していたため、会社の価値観理解も高い点から、すぐに良い人材を見極めてくれるという効果もありました。加えて、面接から得られた知見を活かして、より良い採用基準の提案までしてくれるようになりました。

2 新たな「外部人材」を探す

2つ目は、新たな外部人材を探す方法です。

ある製造業では、生産効率の改善で外部人材を活用していましたが、そこが改善され始めると今度は管理会計の課題が目立つようになりました。特に月次の集計業務に時間を取られすぎていて、当月の結果が翌月にならないとわからないといった状況にありました。

当初は、この課題に対し、優秀な経理人材を社員として探していました。しかし、採用は難しかったため、外部人材の活用に方針を切り替え、複数社で管理会計制度を導入支援した外部の人材と契約しました。

現状を診断してもらったところ、情報はあるものの、集計に使っていたエクセルのフォーマットが操作性を著しく落としていること、そして、厳密に管理しすぎていて、その仕分けに余計な人的コストがかかっていることがわかりました。

そのため、一定の割り切ったルールを提案したところ、管理会計の質を維持しながら、早期に財務分析結果を見える化し、改善策を検討・実行できるようになりました。

3 「外部人材」から信頼できる協力者を紹介してもらう

3つ目は、現在の外部人材に、信頼できる協力者を紹介してもらう方法です。

ある小売りチェーンでは、店舗サービスの業務オペレーション改善を支援してもらっている外部の人材に、「業績管理の仕組みづくり」についても任せられないか相談しました。

その外部の人材は、自身でも業績管理の経験はあるものの、自身の強みは接客・業務効率化などのオペレーション部分であったため、以前一緒に仕事をしたことのある経験豊富な専門家を紹介してくれました。

さらに、その人材への仕事の依頼や成果物の進捗確認も引き受けてくれたため、経営者は最終的な成果物の確認に時間を使えばよくなりました。

このように、手放す領域を拡げることで、以下のメリットが生まれます。

① より高い価値を生む業務に時間を使える

② これまで苦手に感じていた業務や施策の品質が向上する

③外部の人材同士の連携や異なる視点の意見から、新たな改善提案をもらえる

ただし、ここで注意したいのは、「すべてを手放せばよい」わけではないということです。例えば、ある経営者は熱心なあまり、重要顧客との関係構築まで外部に任せようとしましたが、かえって顧客との信頼関係を損ねることになってしまいました。

大切なのは、自身の強みを活かせる領域、会社の成長に直結する領域は確実に押さえながら、それ以外の部分を適切に手放していくことです。その際、前にも述べた「『外部人材』との信頼関係構築」や「適切な判断基準」が重要になってきます。

結果として、外注力が高い人は、より多くの領域を手放すことで、逆により大きな成果を生み出すことができるようになります。

「頼る人」は、外部人材を活用して人材育成をしている

ここまで、外部人材の活用により、より大きな成果を生み出せることを見てきました。

しかし、外注力が高い人は、外部の人材の活用をここでとどめたりしません。むしろ、**その専門性を組織に移転し、会社の競争力として定着させる**ことまで視野に入れて活動します。

なぜ、組織への専門性の移転が重要なのでしょうか。

まず、事業継続性の観点があります。外部人材に依存しすぎると、その人材が突然病気などで長期離脱したり、契約条件等の関係から自社に対する時間の比重を減らしたいという意向があった場合など、事業に大きな影響が出てしまいます。

また、彼らの時間には限りがあるため、より広範囲な改善や、新しい取り組みを進める際の制約にもなりかねません。

このような事態を防ぐために、**外注力が高い人は、外部人材を若手社員のメンターとして活用します**。

ある小売りチェーンでは、店舗オペレーションの改善を支援していた外部人材に、将来の店長候補である若手社員の育成も依頼しました。具体的には、毎週の定例ミーティングを開催し、以下のような問いを投げながら、コーチングのアプローチでメンバーの成長を促しました。

①今の課題は何か
②なぜ、その課題は重要度が高いのか
③解決策は何か、なぜその解決策が良いのか
④解決策はどのような手順で実行するのか

この教育で重要なのは、知識の伝達ではなく、実際の現場で起きている課題を教材としていることです。若手社員は自分が直面している問題について、専門家のアドバイスを得ながら自ら解決策を考え、実行することで、実践的なスキルを身に付けることができました。

また、外部人材を活用した人材育成は、組織の可能性も拡げます。

ある人材紹介会社では、採用支援を行っていた外部人材に、社内の採用担当者の育成も依頼しました。その結果、採用担当者のプレゼンテーションスキルや質問スキルが向上し、彼らがカバーしきれなかった地方拠点での採用活動も強化できるようになりました。

さらに、育成された採用担当者が、自社の採用における独自の強みを発見・確立し、彼らが想定していなかった方法での採用成功事例も生まれてきました。

社員の育成を「外部人材」に任せきりにしてはいけない

ただし、ここでも注意したいのは、外部人材に任せきりにしないということです。特に、会社の価値観や大切にしている考え方については、リーダー自らが伝える必要があります。

例えば、ある経営者は、マーケティングの専門家に若手の育成を任せた際、次ページの図表のような役割分担を明確にしました。

【若手育成】

外部の人材が教えることと経営者が教えることの違い

外部の人材が教えること

・顧客アンケートやWeb解析データ分析の手法
・マーケティングファネルにおける課題に対して適切な施策のパターン
・マーケティング活動におけるPDCAサイクルの回し方

経営者が教えること

・なぜその商品・サービスを提供するのか
・どのような価値を顧客に届けたいのか
・会社として大切にしている判断基準は何か

このように役割分担を明確にすることで、専門性と企業文化の両方を若手社員に伝えることができたのです。

「外部人材」のメリットは、その知見が「教え方」とセットで組織に根付くこと

「外部人材」を活用した人材育成には、もう1つ大きな利点があります。それは、**彼らの専門知識や経験が、「教え方」というノウハウとセットで組織に根付いていくこと**です。育成された社員は、後輩の指導においても、外部の人材から学んだ効果的な教え方を活用できます。

ある会社では、外部人材からDX導入や推進について指導を受けた中堅社員が、その経験を活かして、部署のDXメンターとして活動するようになりました。

外部の人材から学んだ、「何のツールを導入するかという手法論の前に、まずは課題と得たい成果からシステム化の必要性を考える」という手法を取り入れ、社員のDXリテラシー向上を実現することができました。

外部人材から学んだ、「何のツールを入れればよいかという解決策ではなく、DXで成果を得るための考え方」を教えたことで、汎用性を持って社員のDXリテラシー向上が実現できました。

このように、**外注力が高い人は、外部人材を単なる業務支援者としてではなく、組織の成長を促進するメンターとして活用します**。これにより、外部の人材の専門性が組織に根付き、持続的な競争力の源泉となっていくのです。

終章

「頼る」リーダーが身に付けたい8つの習慣

8つの習慣でリーダー自身の可能性を引き出す

ここまで、外注力を発揮して「外部の人材に頼れる人」になることのメリットと具体的な実践方法についてお伝えしてきました。

しかし、どんなに強い信頼関係があっても、外部人材はあくまで外部人材です。組織の生産性をより高く押し上げ、会社や自身の目指すゴールを実現していくためには、自分たち自身の底力を上げていくことも重要です。

そこで終章では、そのためのポイントを、**「リーダー自身の可能性を引き出す8つの習慣」**という形でまとめました。

会社組織を「心技体」で表すとしたら、「心」はまさに**リーダーのビジョンや戦略**です。「技」は、この本で取り上げてきた**外部の力をうまく活用する**こと。そして、最後の「体」は**自分たちの会社や組織の底力**のこと。外部人材を最大限活かしきれるかは、それ次第です。

ここに挙げた8つの習慣の中で、1つずつでも実践できることから始めていきましょう。そして、あなたの「外注力」を足し算ではなく、かけ算でレベルアップしていってください。

第1箇条　リーダーは、会議を断捨離している

「外注力」を高めるためには、まず自身の時間を確保することが重要です。

第1章で、リーダーの悩みの1つとして「会議ばかりで忙しい」という声を紹介しましたが、特に新規事業や会社の変革に取り組もうとすると、既存の会議に加えて新たな会議も増えがちです。そのため、会議には定期的なメンテナンスが必要です。

そこで本項では、まず**「無駄な会議」の見直し**から始めていきましょう。生産性の高いリーダーほど会議の廃止を素早くします。

特に注意すべき「ダメな会議」には、以下の3つのパターンがあります。

1 目的が明確でない会議

まず、「目的が明確でない会議」について見ていきましょう。会議の目的は主に「意思決定を行う」「情報を共有する」「新しいアイデアを出し合う」の3つです。

そして、それぞれの目的に応じて、以下のように、適切な時間配分があります。

＊意思決定……案件の重要度に応じて3分～30分
＊情報共有……15分以内（資料事前共有が前提）
＊アイデア出し……60分～90分（それ以上は疲労で質が低下）

例えば、ある製造業では毎週月曜日に「週次進捗会議」を2時間かけて開催していましたが、その内容は単なる各部門からの報告の羅列でした。情報共有だけであれば、社内チャットツールやメールで十分対応可能です。

特に定例会議は、開催自体が目的化してしまい、本来の意義を見失いがちです。この会社では、会議を以下のように改革しました。

＊日々の進捗報告はチャットツール
＊週次会議は課題解決の意思決定の場に変更（30分）
＊アイデア出しは必要な部門だけが参加する別枠で設定

2 議事録がなく、決定事項が曖昧な会議

次に、「議事録がなく、決定事項が曖昧な会議」について。

「いいアイデアが出た、じゃあ今日はここまで」——こんなふうに終わる会議が多々あります。しかし、1週間後には誰も具体的な内容を覚えておらず、その場にいなかったメンバーには「あれ決まったらしいよ」という形で伝わるので、なぜその決定に至ったのかの理解が深まりません。

そこで、ある小売りチェーンでは、以下のルールを導入しました。

＊議事録フォーマットの統一……決定事項、担当者、期限、決定に至った背景、理由
＊次回会議での進捗確認の必須化
＊議事録の共有範囲の明確化

特に「To Do」と「期日」の明確化は重要です。「来週までに資料作成」といった曖昧な指示ではなく、「○月×日の朝会までに、△△の観点を含めた提案資料を作成」というように具体化します。

3 会議中に別の作業をしている会議

最後に、「会議中に別の作業をしている会議」について。

ある大手人材紹介会社では、「お客様からの電話であっても、会議中は対応しない」というルールを設けています。なぜなら、中途半端な会議は結果的にお客様への価値提供を遅らせることになるからです。

特にリモートワークが増えた現在、この問題は深刻化しています。チャットや別の仕事の対応をしながらの「ながら会議」が増えており、その結果、「あれ、今何の話でしたっけ」という確認が頻発し、会議時間が無駄に延長されています。

会議の生産性を高めるためには、例えば、**「カメラはオンを原則とする」「発言時以外はミュート」「チャットは緊急時のみ使用」「PCは会議資料以外の閲覧には使わな**

い」といったルール設定が効果的です。

ただし、緊急対応が必要な場合もあります。そのため、「会議の冒頭で緊急連絡先を明確化」「『緊急の際はこの番号に』という案内を事前に関係者に通知」「代理対応者の事前指定」「会議時間中の電話転送設定」といった対策を講じます。

会議は3つのステップで改善できる

では、具体的にどのように会議を改善すればよいのでしょうか。私は次ページの表のような手順を提案します。

このように定期的に会議を見直し、会議を改善することで、外注力を高めるための

会議改善の3ステップ

1 既存の会議の棚卸し

- □ 目的の明確化（必要性の再検討）
- □ 参加者の適正化（本当に全員必要か）
- □ 所要時間の見直し（30分単位の設定）
- □ オンライン・オフラインの適切な選択

2 会議ルールの設定

- □ 資料の事前配布（遅くとも前日まで）
- □ タイムキーパーの設置（議題ごとの時間配分）
- □ 議事録担当の明確化（テンプレートの活用）
- □ 次回アクションの確認（必ず会議の最後に実施）

3 定期的な見直し

- □ 会議の必要性（四半期に一度は見直し）
- □ 参加者からのフィードバック（匿名での意見収集）
- □ 運営方法の改善（ベストプラクティスの共有）
- □ 会議時間の短縮目標設定

時間を確保することができます。外部人材との打ち合わせにおいても、これらのルールを適用することで、より効果的なコミュニケーションが可能になります。

第2箇条 リーダーは、スキルの前に「仕事の基本」を教えている

前項で会議の見直しについて触れましたが、実際に新規事業を立ち上げたり、既存事業の売上を伸ばしたりする過程で必要なのは、やはり社員の力です。

しかし、多くの企業・組織では「**日々の業務に追われて研修や教育の時間が取れない**」というのが現実です。

そこで本項では、限られた時間の中で効果的な社員教育を行うために、まず何に注力すべきかについて見ていきましょう。人材育成を考える際、まず理解しておくべきなのは、人には3つの領域（層）が存在するということです。これはコンピューターやスマートフォンにたとえるとわかりやすくなります。

＊アプリケーション層……具体的なスキル（ロジカルシンキング、コーチングなど）
＊ＯＳ層……仕事の基本となる考え方や行動習慣
＊ハードウェア層……体力や個性といった基礎体力

多くの企業が陥りがちなのは、アプリケーション層のスキルトレーニングを偏重してしまうことです。しかし、このスキルは、ＯＳ層やハードウェア層がしっかりしていないと十分に活用できません。

例えば、ある製造業では、新入社員に対して「エクセルの使い方」「プレゼンテーションスキル」といったスキル研修を実施しましたが、なかなか成果が上がりませんでした。なぜなら、そもそも「何のためにそのスキルを使うのか」「どのような価値を生み出すのか」という基本的な考え方が身に付いていなかったからです。

特に重要なＯＳ層の要素として、**「提案する力」の育成**があります。提案とは、単に「こうしたほうがいい」ということではありません。相手にとってのより良い未来（After）を、現状（Before）と比較して具体的に示すことです。

例えば、日常業務における提案の具体例を見てみましょう（次ページの表参照）。

このような提案力を養うために、ある企業のリーダーは、以下のような段階的なアプローチを導入しました。

《Step1》自分の得意分野の棚卸し……日常的に褒められていること、他人から教えを求められること、自然とできていること

《Step2》周囲の課題発見……上司・同僚の困りごと、非効率な業務プロセス、改善可能な仕組み

《Step3》提案の実践……小さな改善から開始、具体的な効果の提示、実行計画の明確化

この会社では、新入社員であっても入社3か月目から積極的に業務改善提案を行うようになりました。

例えば、受注データの入力フォーマット改善や在庫確認作業の効率化、顧客対応記

日常業務における「提案」の具体例

会議運営での提案

- **Before**……全員分の資料をコピー、１人１部ずつ配布、修正の都度再配布
- **After**……プロジェクター投影での説明、データでの共有、その場での修正反映可能
- **効果**……用紙代の削減、配布時間の短縮、リアルタイムでの情報更新

Excel 業務での提案

- **Before**……手作業でのデータ入力、毎月同じ作業を繰り返す、ミスの可能性が高い
- **After**……関数・マクロの活用、自動計算の仕組み化、チェック機能の組み込み
- **効果**……作業時間の大幅短縮、ミスの削減、付加価値業務への時間創出

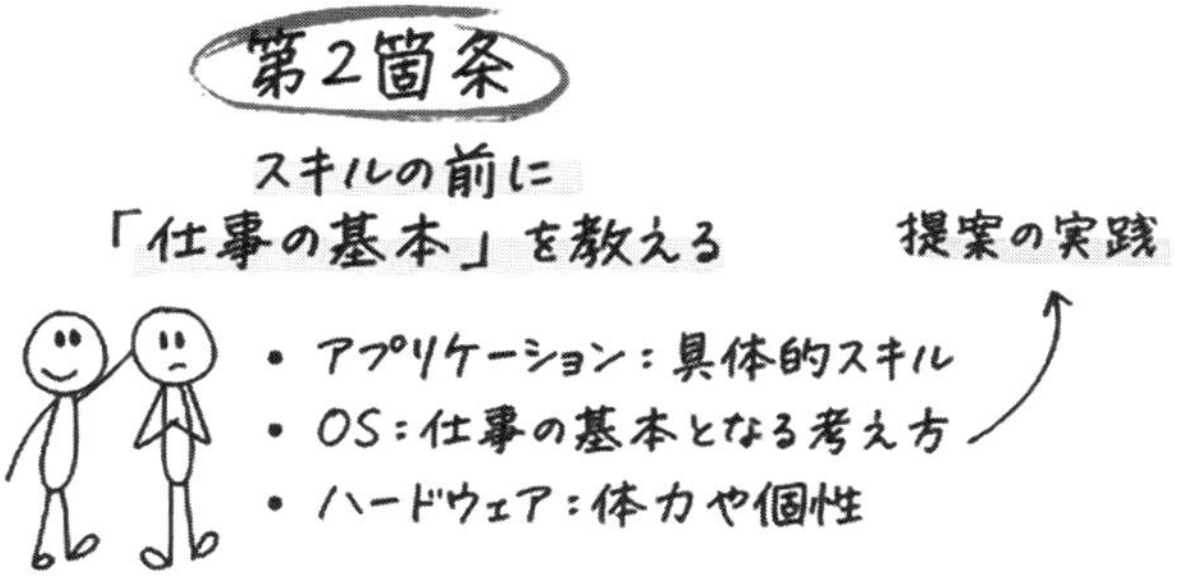

録の共有方法の見直しなどです。

また、このような提案文化が定着すると、思わぬ効果も生まれます。

ある運送会社では、現場からの小さな提案が日常的に行われるようになった結果、新規事業のアイデアまで生まれました。日常の業務の中にあるセンサーを組み込むことで、高齢者を抱えるご家庭や行政の治安向上に役立つ情報が収集できるというものでした。

社員が、日々の業務や顧客の困りごとに敏感になり、**「うちの会社なら、こんな解決ができるのでは？」**という発想が自然と湧いてくるようになったのです。

提案する習慣が根付いている組織では、日常業務の改善から新規事業の創出まで、さまざまなレベルでイノ

提案の4象限

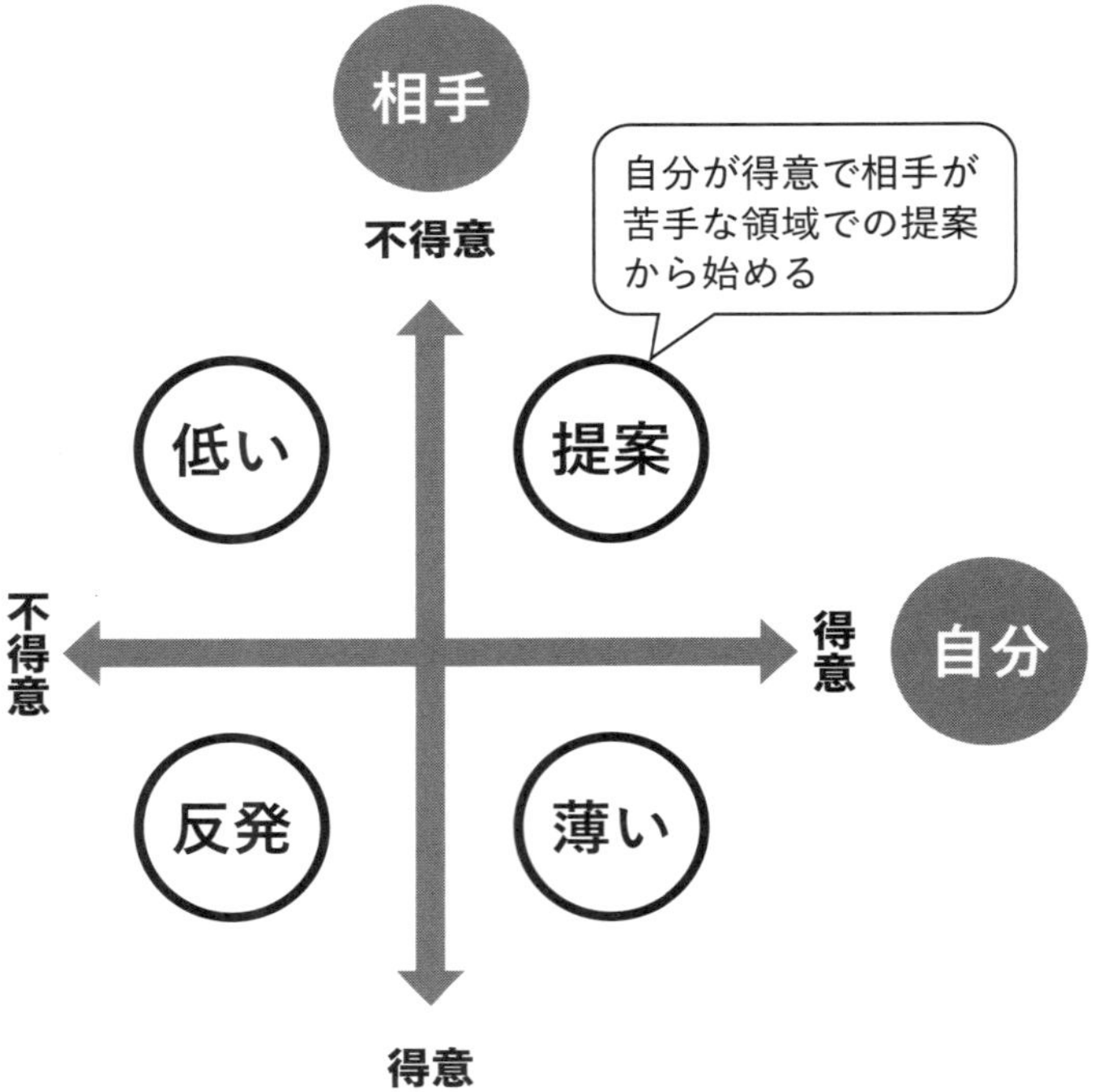

ベーションが起こりやすくなります。

では、「提案する力」を育てる際に特に注意すべきポイントは何でしょうか。それは、「自分は得意で相手が苦手な領域」での提案から始めることです（右の図参照）。

例えば若手社員であれば、デジタルツールの活用方法やＳＮＳを活用した情報発信、データの可視化手法など、若手ならではの得意分野から提案を始めることで、成功体験を積み重ねることができます。

このように、リーダーは、スキル研修の前に「提案する力」というＯＳをインストールし、定着させることで、その後のスキル習得もより効果的になり、結果として組織全体の生産性向上につながっていきます。

第3箇条 リーダーは、DXの構造を理解してから導入に取り組んでいる

前項で社員教育の基本について触れましたが、その実践の場として近年注目されているのが「DX」です。

しかし、多くの企業がDXに取り組む一方で、その失敗事例も増えています。本項では、DXの本質を理解し、失敗しないための考え方について見ていきましょう。

まず、**DXの構造を理解しようとする**ことが重要です。よく混同されるのが「デジタライゼーション」との違いです。

デジタライゼーションは「今あるものを電子化する」のに対し、DXは「顧客体験自体を変える」という大きな違いがあります（左の表参照）。

DXの導入に失敗する3つの原因

DXとデジタライゼーションの違い

デジタライゼーション

・紙の文書を電子化して、ワークフロー化
・手作業の自動化
・既存業務の効率化

DX（デジタルトランスフォーメーション）

・顧客体験の変革
・ビジネスモデルの変革
・組織文化の変革

例：ある飲食チェーンでの取り組みで比較

《デジタライゼーションの例》
紙の注文票をタブレットに変更、手書きの売上集計の自動化、勤怠管理のシステム化

《DXの例》
スマホでの事前注文導入、購買履歴に基づく個別推奨、リピート顧客への自動クーポン配信

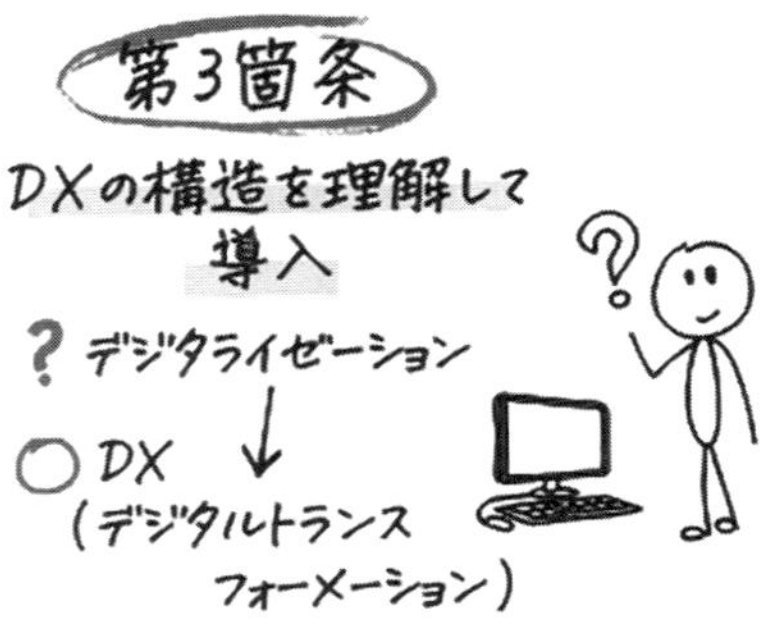

では、なぜDXは失敗しやすいのでしょうか。主に3つのパターンがあります。

1つ目は「**流行追従型の失敗**」です。

ある小売業では、競合他社がAIを活用した需要予測システムを導入して成果を上げているという情報を得て、すぐさま同様のシステムを導入しました。しかし、自社の商品構成や顧客層は競合他社と大きく異なっており、システムの予測精度は低く、投資に見合う効果は得られませんでした。

このような失敗を避けるために重要なのは、「会社としてありたい姿」を明確にすることです。例えば、成果を生み出すリーダーは、次のようなことを検討します。

＊どんな顧客体験を提供したいのか

＊それは自社の強みと整合しているか
＊実現のために本当に必要な技術は何か

2つ目は「**人的要因を考慮しない失敗**」です。

ある居酒屋チェーンでは、業務効率化のためにスマートフォンでの注文システムを導入しました。しかし、スタッフの多くが機械操作に不慣れな中高年だったため、かえって注文時間が増加。結果として顧客満足度が低下してしまいました。

一方、同業の別チェーンでは、以下のようなアプローチで成功を収めています。

＊まず裏方業務（在庫管理など）のデジタル化から着手
＊スタッフの習熟度に応じた段階的な導入
＊操作が簡単な独自インターフェースの開発

このように、技術を「使う人」の視点を重視することで、スムーズな導入が可能となります。

３つ目は「**再配置計画の欠如**」です。

ある製造業では、受発注業務の自動化により、従来3時間かかっていた作業が30分で完了するようになりました。しかし、空いた時間の活用方法が定まらず、かえって社員のモチベーションが低下。生産性向上の機会を逃してしまいました。

これに対して、ある機械部品メーカーでは、ＤＸ導入時に「自動化で生まれる余剰時間の見積もり」「社員のスキルと興味の棚卸し」「新規事業部門への配置計画」「必要なトレーニングプログラムの準備」といった計画を立てていました。

その結果として、基幹システムの刷新と同時に新規事業の立ち上げも実現。全社的な成長につながりました。

以上の失敗パターンを踏まえ、成功するＤＸのためのチェックリストを次ページの表にまとめたので参考にしてください。

最後に重要なのは、ＤＸは目的ではなく手段だということです。「会社としてありたい姿」に向かうためのツールとして、デジタル技術を活用する。この視点を忘れずに計画的に取り組むリーダーは、持続的な成果を生み出すことができるでしょう。

成功するDXのためのチェックリスト

導入前のチェック項目

- □ 目指す顧客体験は明確か
- □ 自社の強みと整合しているか
- □ 現場スタッフの受容性は十分か
- □ 段階的な導入計画はあるか
- □ 余剰リソースの活用計画はあるか

導入時のポイント

- □ 小規模な実証実験から始める
- □ 現場からのフィードバックを重視
- □ 教育・トレーニングの十分な時間確保
- □ 成功体験の共有と横展開
- □ 定期的な効果測定と計画の見直し

第4箇条 リーダーは、メンバーの提案力を上げるポイントを押さえている

新たな取り組みを組織に導入する際の要《かなめ》となる「企画提案力」について、具体的な手法を見ていきましょう。

前項でＤＸの考え方について触れましたが、どんなに良いアイデアや技術があっても、それを適切に提案できなければ価値を生み出すことはできません。

提案というと、新規事業や大きな企画のイメージを持たれがちですが、その基礎となるのは日々の業務における小さな提案力です。例えば、会議資料のつくり方ひとつとっても、「2枚を見開きで印刷したほうが比較しやすい」「プロジェクターを使えば修正も容易」といった提案ができます。

このような**小さな改善提案が、より大きな価値を生む提案力の土台**となります。

そして、成果を生み出すリーダーは、部下の提案力を上げるためのチェックポイントを持ち、組織の共通言語としています。

そこで本項では、リーダーが使える、提案を成功に導くための5つのポイントを紹介します。これは私が新卒で入社し育ててもらった野村総合研究所で実践されているフレームワーク（GISOV）をベースにしています。

1 Goal（目指す未来）

まず、「Goal（目指す未来）」について見ていきましょう。

ここで重要なのは、自分（自社）が実現したい未来ではなく、「提案をうける相手が望む未来」を描くことです。これは日常業務における提案でも同じで、例えばエクセルの業務改善を提案する際も、単に「作業が効率化される」ではなく、「空いた時間で顧客フォローができる」というように、相手にとってのより良い未来を示すことが大切です。

ある食品メーカーは「健康的な食生活の実現」という目標を掲げて、カロリーオフの商品を開発しました。

しかし、実際の顧客調査では「忙しい中でも美味しく楽しく食べたい」というニーズが強く、商品は市場で苦戦。その後、「手軽に楽しむ健康」というコンセプトに転換し、パッケージや味わいを改良したところ、売上が大きく伸びました。

2 Issue（課題要因）

次に「Issue（課題要因）」です。

ここで大切なのは、望む未来と現状との「差」を生み出している要因を特定することです。多くの提案が失敗するのは、この「差」の分析が不十分なためです。

例えば、会議の効率化を提案する場合、単に「時間が長い」という現象面だけでなく、「議論のポイントが絞られていない」「事前準備が不足している」といった本質的な課題を見つけることが重要です。

3 Solution（解決策）

3つ目の「Solution（解決策）」では、特定した課題に対する具体的な解決策を提示します。ここでのポイントは、提案する側の「得意分野」を活かすことです。

例えば、デジタルツールに詳しい若手社員であれば、会議のオンライン化やタスク管理ツールの導入といった提案ができます。逆に、第2箇条の通り、自分も相手も不得意な領域での提案は避けたほうがよいでしょう。

4 Operation（実行計画）

4つ目の「Operation（実行計画）」では、「人・時間・お金」の3つの要素で実現可能性を検証します。これは日常的な小さな提案でも重要です。

例えば、新しい業務改善を提案する際、「誰が」「いつまでに」「どのくらいのコストで」実現できるのかを具体的に示すことで、提案の実現性が高まります。

あるＩＴ企業での業務改善提案では、

＊人　……既存メンバーで対応可能
＊時間……1週間のトライアル期間を設定
＊お金……無料ツールの活用で初期投資ゼロ

といった具体的な実行計画を示すことで、スムーズな承認を得ることができました。

5 Value（独自の価値）

最後の「Value（独自の価値）」は、その提案が持つ独自の価値を示す部分です。ここで重要なのは、提案する側の「思い」や「情熱」、そして、その会社ならでは文化・価値観を表す場合もあります。

例えば、自動車会社は同じ車というものを扱いながらも、それぞれ異なるファンや顧客層を抱えています。その顧客層を分ける1つにValueがあります。各社のValueの違いは、例えば以下のようなイメージになると思います。

＊トヨタ　「品質と信頼性」

＊ホンダ　「技術革新」

＊スズキ　「小・少・軽・短・美」

各社が異なる価値提供で市場での位置付けを確立しています。そのため、お客様によっても共感するポイントが異なるため、結果としてそれぞれにファンがついているのです。

第4箇条

企画をチェックするポイントを押さえる

このように、日常的な業務改善の提案だったとしても提案にはValueの視点を加えるといいでしょう。単なる効率化や数値改善だけでなく、「なぜその提案が必要なのか」「どんな未来につながるのか」という視点を込めることで、提案の説得力が増します。

私が新人時代に携わったコンペの提案では、他社の倍の金額にもかかわらず、このＧＩＳＯＶを活用したことで受注に至りました。

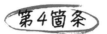

５つのポイントは、提案書の構成としても活用できますが、より重要なのは、この視点をリーダーが持ち、メンバーの提案の改善点をフィードバックできることです。

例えば、「課題の設定の切り口は面白いけど、それだと○○といったゴールのほうがお客様の望む姿じゃないかな？　どう思う？（ゴール設定に対する問いかけ）」「論理的には正しいけれど、うちの会社が提案する理由は何だろう？　うちらしさがどこにあるかな？（バリュー価値観に対する問いかけ）」といったコーチング的な質問を通じて、メンバーの提案力を上げていけると良いでしょう。

第5箇条 リーダーは、新しい取り組みの前に「余白づくり」をしている

前節で企画提案のポイントについて触れましたが、どんなに良い企画があっても、組織の準備が整っていなければ、実行段階で躓《つまず》いてしまいます。ここでは、会社の新しい取り組みや新企画を成功に導くために必要な**3つの事前準備**について見ていきましょう。できるリーダーほど準備、地ならしを丁寧に進めています。

例えば、新規事業は、多くの経営者にとって避けて通れない課題です。競合の台頭や市場環境の変化により、既存事業だけでは成長が難しくなってきているからです。

しかし、「良いアイデアが浮かんだ」という理由だけで性急に取り組むと、かえって既存事業にまで悪影響を及ぼしかねません。

では、具体的にどのような準備が必要なのでしょうか。重要なのは次の3つのステップ（事前準備）です。

1 余白づくり

新規事業を立ち上げる際、必要になるのは「人・時間・お金」の3つのリソースです。例えば、ある製造業では、既存事業で社員の稼働率が100％の状態で新規事業を開始したため、社員の残業が急増。結果として優秀な人材が次々と離職し、既存事業にまで影響が出てしまいました。

一方、ある店舗サービス業では、新規事業に着手する前に、まず既存事業の効率化――「業務プロセスの見直し」「IT化による作業効率向上」「会議時間の削減」――に3か月かけて取り組みました。その結果、**全体の業務時間を20％削減することに成功**。この「余白」を活用して新規事業に取り組むことで、既存事業を圧迫することなく、新たな挑戦が可能になりました。

2 仕組み化

次に重要なのが「仕組み化」です。

特に中小企業では、「あの営業マンがいるから売上が上がっている」という属人的な要素が強くなりがちです。確かに、その人の能力が高いのは素晴らしいことですが、その人が病気や転職で離れた際のリスクは計り知れません。社内の異動でも、猛反発をうけます。

ある人材紹介会社では、売上トップの営業マンの手法を「顧客との会話の進め方」「提案資料のつくり方」「フォローアップの頻度や内容」のように仕組み化しました。

しかし、ここで重要なのは、**単なる「やり方」だけでなく、その「意図」や「意味」まで含めて共有する**ことです。

例えば、こんな感じです。

【表面的なマニュアル】……顧客には月5回訪問する。

【意図まで含めたマニュアル】……顧客との信頼関係構築のため、月5回程度の接点を持つ。ただし、相手の状況や関係性に応じて、訪問以外の方法（メール、電話な

ど）も柔軟に活用する。

このように意図を理解することで、状況に応じた柔軟な対応が可能になります。

3 適切な人選

最後に「適切な人選」です。新規事業の成否を分けるのは、結局のところ「人」です。ここで多くの企業が陥りがちなワナが、「余っている人材」を新規事業に回すことです。あるＩＴベンチャーでは、新規事業の立ち上げに際して、既存事業のエース人材を投入しました。

社内では、「既存事業に影響が出るのでは？」という懸念もありましたが、前述の「余白づくり」と「仕組み化」により、既存事業への影響を最小限に抑えることができました。さらに、エース人材は持ち前の行動量と営業力を活かして、新サービスのニーズ検証やＰＤＣＡを繰り返し、事業は急速に成長しました。

特に重要なのは、**経営者自身の関与**です。「とりあえずやってみて」という中途半端な姿勢では、チームの当事者意識は上がりません。むしろ、「会社の将来を担う重要なプロジェクト」として位置付け、経営者自身が定期的に関与することで、組織全

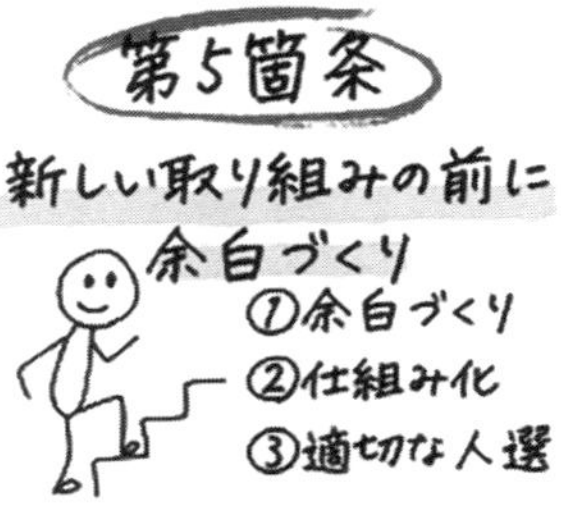

体のコミットメントを高めることができます。

これら３つのステップは、以下のような相互関係があります。

＊余白づくり↓仕組み化の時間確保

＊仕組み化↓エース人材の異動を可能に

＊適切な人選↓新規事業の成功確率向上

特に中小企業においては、こういった準備なしでの新しい取り組みへの着手は大きなリスクとなります。

「やってみなければわからない」ではなく、「やる前にできることをやる」。このリーダーの習慣が企業の新しい取り組みへの第一歩となるのです。

第6箇条 組織の強みを活かすことに集中している リーダーは、

前項では新しい取り組みの前の「余白づくり」について触れましたが、準備が十分だからといって、すぐに成功できるわけではありません。特に**中小企業には、「ゲリラ戦」の発想が重要**です。

なぜゲリラ戦の考え方が有効なのか、そして具体的にどのように戦っていけばよいのかについて見ていきましょう。まず「ゲリラ戦」とは何か、ベトナム戦争を例に考えてみます。この戦争では兵器も兵力も敵を圧倒していたアメリカ軍が敗北を喫しました。

なぜでしょうか。ベトナム軍は、「戦う場所」を選び、「相手の強みを消し」「自分たちの強みを活かす」という戦略を徹底したのです。例えば、アメリカ軍の体格の大きさを逆手に取り、狭い地下壕に誘い込むことで、アメリカ軍の装備や体格という強みを無効化しました。この発想は、中小企業やベンチャー企業、シェアに遅れをとる企業など、いずれのビジネスにとって非常に示唆的です。

独自性が競走優位を生み出す

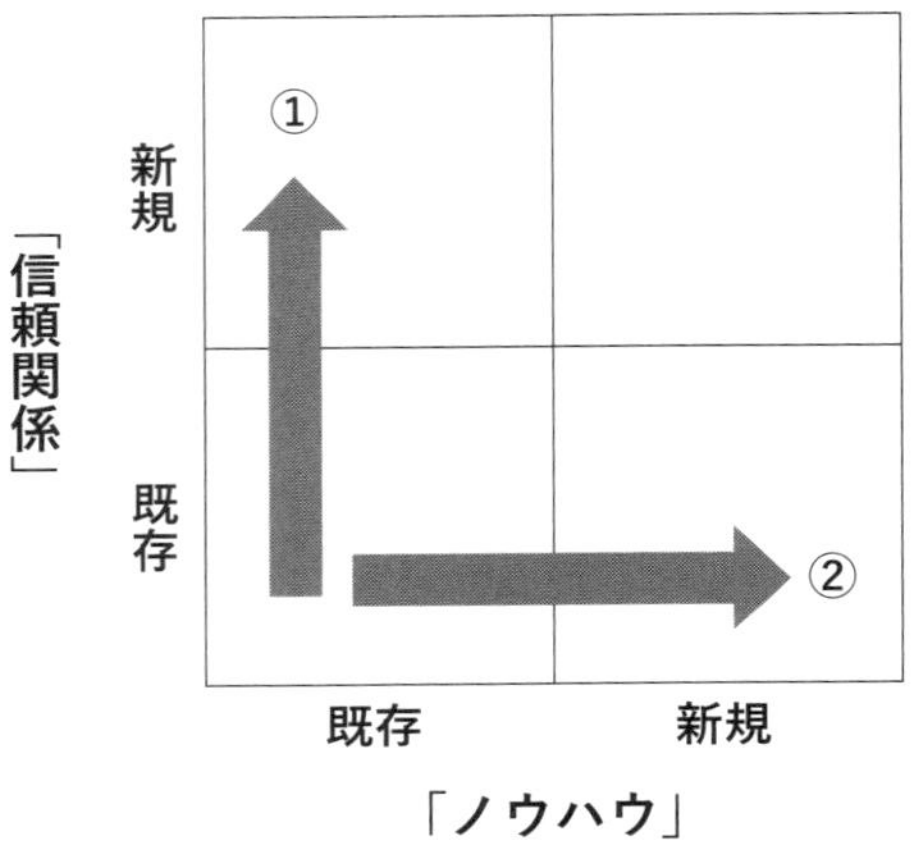

【大企業の強み】……豊富な資金力、優れた設備、全国規模のネットワーク、ブランド力

【中小企業（大企業でも小さなチームを含む）の強み】……地域密着の関係性、意思決定の速さ、専門分野での深い知見、顧客との距離の近さ

ここで重要なのは、**大企業と同じ土俵で戦わない**ことです。では、具体的にどのような戦い方があるのでしょうか。主に以下の2つのアプローチが効果的です。

1 既存顧客への新サービス展開

ある製造業では、大手メーカーの下請け加工を主力としていましたが、その技術を活かして既存顧客向けに新たな製品開発支援サービスを開始しました。長年の取引で培《つちか》った信頼関係があるため、大手企業が同様のサービスを始めても、簡単には顧客を奪われることはありませんでした。

2 独自ノウハウの新市場展開

私が関わったクラフトビール事業では、醸造所の開業支援という新しいサービスを展開しました。

ある時、大手コンサルティング会社が同様のサービスを開始しましたが、実際の醸造経験やビール職人とのネットワークがないため、現場の細かい課題に対応できませんでした。結果として、私たちの独自ノウハウが競争優位となり、多くのクライアントを獲得することができました。

このように、中小企業は、**「大企業が真似できない領域」を選ぶことが重要**です。それは必ずしも「革新的」である必要はありません。むしろ、自社の強みを最大限に活かせる「場所」を選ぶことが鍵となります。

ただし、戦略的な場所取りができても、それだけでは成功は保証されません。新規事業を確実に成果に結びつけるために、先ほどお伝えしたＧＩＳＯＶのフレームワークがここでも有効です。

繰り返しにはなりますが、ＧＩＳＯＶは以下の５つの要素で構成されます。

① Goal（目指す未来）
② Issue（課題要因）
③ Solution（解決策）
④ Operation（実行計画）
⑤ Value（独自の価値）

それぞれの要素について、具体的に見ていきましょう。

まず「Goal」では、お客様が実現したい短期の未来だけでなく、「ゴールの先のゴール」という中長期で実現したいことや得られる体験価値に着目します。例えば、先ほどのクラフトビールの開業支援の事例では、単に「醸造所をオープンする」というゴールではなく、「地域に新しい価値を創造する」「こだわりのある生き方を実現する」といった、より本質的な目標を設定します。

「Issue」では、その未来を実現できない要因を特定します。醸造所開業の例では、技術的な知識不足や初期投資の調達、販路開拓の課題などの具体的な障壁を明らかにします。

「Solution」では、それらの課題に対する具体的な解決策を提示します。例えば、現役醸造家による技術指導、設備メーカーとの協力による投資最適化、既存ネットワークを活用した販路提供といったことです。

「Operation」では、実行計画を策定します。特に中小企業の場合、限られたリソースを最大限に活用する必要があります。

＊人……既存スタッフの活用＋外部専門家との連携

＊時間……段階的な展開計画
＊お金……初期投資の最小化

最後の「Value」が、実は最も重要です。ここでの差別化が、真の競争力となるからです。例えば、現場での実践経験に基づく知見、地域に根差したネットワーク、経営者としての同じ目線といったことになります。

これら5つの要素は、新規事業や企画の設計図であると同時に、営業提案の骨格にもなります。重要なのは、これらの要素が単独ではなく、有機的に結びついていることです。

例えば、**Goal：「地域に新しい価値を創造したい」→Issue：「醸造技術と経営ノウハウの両立が難しい」→Solution：「技術と経営の一体型支援」→Operation：「段階的な立ち上げ支援」→Value：「実践経験に基づく伴走型支援」**——といったように一貫性のあるストーリーを描くことで、説得力のある新規事業を構築することができます。

第6箇条

強みを活かすことに集中

繰り返しになりますが、中小企業の新規事業は、決して大企業との消耗戦に陥ることはありません。自社の強みを活かせる場所を選び、体系的なアプローチで展開することが重要です。

そして、この強みに集中という点は、各リーダー、社員一人ひとりの社内における活躍の手段としても同じです。大先輩と同じ土俵ではなく、自分の土俵をつくって活躍することが重要です。

その中で、強みを活かして独自の価値を提供できるか、その観点でＧＩＳＯＶの５つの観点でチェックし、一貫性を感じられたら、その事業や企画の成功確率がぐっと引き上がるものとなっているでしょう。

第7箇条 リーダーは、アイデアを見直す方法論をストックしている

ここまで主に新規事業や企画に焦点を当て、リーダーに必要な習慣について触れてきました。しかし、それだけが会社の成長の源泉ではありません。既存の商品やサービス、日々の業務を見直すことのほうが日常においては重要です。

第7箇条では、特に商品コンセプトの見直しに焦点を当てて、活躍するリーダーが活用しているチェックポイントを見ていきましょう。商品が売れない原因は、「**営業力の問題**」「**集客力の問題**」「**商品設計の問題**」の3つの領域にあります。

多くの場合、「営業が頑張れば売れるはず」とか「広告予算を増やせば何とかなる」という発想になりがちです。しかし、より本質的なのは、商品自体が顧客にとって魅力的に映っているかどうかです。

例えば、ある製造業では、高度な技術を活かした商品を開発したものの、なかなか売上が伸びませんでした。営業チームを強化し、広告予算も投入しましたが、状況は

改善されません。原因を分析すると、商品の技術力は高いものの、顧客にとってのメリットが伝わりにくい利用体験設計になっていたことが問題でした。

では、具体的にどのように商品コンセプトを見直せばよいのでしょうか。以下の**7つのチェックポイント**を見ていきましょう。

1 （その業界にとっての）新規性を打ち出す

完全に新しいことを生み出すのは、百戦錬磨の経営者でも難しいものです。むしろ重要なのは、他業界の成功事例を自社の業界に先駆けて取り入れることです。

例えば、ライザップは「成果保証型」という、従来のフィットネス業界にはなかったコンセプトを打ち出し、大きな成功を収めました。BtoB領域でも同様の切り口は有効です。

2 明確な数字を入れる

「年商30億円以上の企業向け」「従業員100名以上の組織に対応」など、具体的な数字を入れることで、顧客が自社に関係あるかどうかを判断しやすくなります。

あるＩＴサービス会社は、「中小企業向けシステム」という漠然とした表現から、「従業員50名以下の企業の業務効率を30％改善」という具体的な表現に変更したところ、商談数が1.5倍に増加しました。

3 直感的イメージを取り入れる

特にＢ toＣ商品では、顧客は感情で選び、理屈で判断する傾向があります。「お〜いお茶」「ネピア鼻セレブ」など、直感的に商品の特徴が伝わるネーミングやコンセプトが効果的です。これらの事例は、売り上げを数倍以上伸ばした実績があります。

4 少数派の意見を代表する

既存商品では解決できていない不満や課題にフォーカスするアプローチです。例えば、「顔が大きな人のためのスタイリッシュなメガネ」など、特定のニーズに特化することで、強いファン層をつくることができます。

5 次のボトルネックを解消する

顧客が成長する過程で直面する新たな課題に着目します。例えば、「年商10億円以上の経営者のための秘書サービス」は、規模拡大に伴う経営者の時間管理という課題に応えるものです。

6 トレンドや時流を掛け合わせる、逆手に取る

自社の強みとトレンドを掛け合わせる方法です。例えば、「サステナブル×クラフトビール（地産地消）」といった組み合わせが考えられます。あるいは、「デジタル全盛だからこそのアナログ施策」など、あえてトレンドの逆を行くアプローチも効果的です。

7 パッケージ化する

複数の価値を組み合わせることで、新たな魅力を生み出すアプローチです。「料理を英語で学ぶ」など、一石二鳥の価値提供が可能になります。

では、これらのポイントを活用した商品コンセプト見直しの成功事例を見てみましょう。ある料理教室では、一般的な料理レッスンの売上が伸び悩んでいました。そ

第7箇条

アイデアを見直す方法論をストック

①新規性を打ち出す
②明確な数字を入れる
③直感的イメージを取り入れる
④サイレントマジョリティーを代弁する

⑤ボトルネックを解消する
⑥トレンドワードや自流を活用する
⑦パッケージ化する

こで、以下の要素を組み合わせてリブランディングを実施しました。

＊明確な数字……3か月以内にプロポーズを決意させた実績80％以上
＊直感的イメージ……彼の胃袋をつかむ結婚レシピ塾
＊サイレントマジョリティーの代弁……料理初心者でも失敗しない、男性が喜ぶ定番メニュー
＊パッケージ化……料理スキル×恋愛カウンセリング（結婚に向けた）

結果として、従来とは異なる顧客層の獲得に成功しました。さらに、受講生の成功事例による口コミでの集客も増加しました。

このように、複数のアプローチを組み合わせるこ

とで、より説得力のある商品コンセプトをつくることができます。

重要なのは、これらのアプローチを組み合わせることで、より強力な商品コンセプトをつくり出せることです。また、見直しの際は必ず顧客の声を集め、仮説を検証することを忘れないようにしましょう。

第8箇条　リーダーは、自身の判断基準・価値観を言語化している

これまで、「外注力」の重要性や経営者に求められる基本資質について見てきました。しかし、それらはあくまで手段に過ぎません。本当に重要なのは、**「何を実現したいのか」という問いに答えること**です。そして、この問いに向き合う際、経営者やリーダーを支えるのが「価値観」という判断基準です。

価値観は、単なる理念やスローガンではなく、日々の意思決定や行動に表れる指針であり、企業や組織を方向付ける羅針盤です。目標を設定することは重要ですが、そ

の**目標の選択基準となる価値観**こそが経営に一貫性を持たせ、組織を正しい方向に導きます。

価値観が曖昧であれば、経営者の判断は場当たり的になり、組織全体が混乱に陥るリスクがあります。

例えば、今日「顧客満足度が重要だ」と強調しながら、翌日には「効率性が最優先だ」と発言する。こうした矛盾は、社員の士気を削ぎ、組織を迷走させてしまうのです。

短期的に売上を拡大させることは、多様なマーケティング手法を身に付ければ可能かもしれません。しかし、それを持続的に支えるには、外部の仲間たちの協力が欠かせません。**外注力を活用する際にも、外部の人材との間に強固な信頼関係を築くことが必要**です。その結びつきを支えるのが、経営者やリーダーの価値観なのです。

だからこそ、経営者やリーダーは、自分が何を大事にしているのか、どのような価値観を持っているのかを日々、自身に問いかけ、明確にしています。

具体例を挙げると、ある製造業の経営者は「**品質こそが最優先**」という**価値観**を持っていました。その結果、品質管理に関しては投資を惜しまない一方で、広告宣伝費には最低限の資金しか投入しませんでした。この判断の背景には、「優れた製品は口コミで広がる」という信念がありました。

同様に、ある小売りチェーンでは、**「人こそが最大の資産」という価値観**を持つ経営者が、毎年売上の5％を人材教育に投資していました。この姿勢は採用基準や評価制度にも一貫して反映され、結果として高い従業員定着率と顧客満足度を実現しました。

また、価値観の明確さは外部との協力においても大きな力を発揮します。あるＩＴ企業では、新規事業の立ち上げに際して外部の人材を招聘しましたが、価値観の不一致が原因でプロジェクトが失敗に終わりました。

一方で、成功事例を持つ企業では、外部の人材を選定する際に「**何を大切にしているか**」「**どのような未来を目指しているか**」「**譲れない価値観は何か**」といった点を確認しています。これは、第４章でも触れた外注力を発揮するポイントとも相通じる内容です。

そして、このプロセスを経たパートナーとの協力関係は長期的な成果につながり、継続的な成長を実現しています。

持続可能な成長を実現するには、その企業ならではの価値観に基づく独自性が不可欠です。

例えば、「地域の食文化を守る」という価値観を掲げた食品メーカーは、地元産の原材料の選定だけでなく、さらに土地の改良にまで関わり、その後の製造、販売戦略に至るまで、この価値観を徹底して体現していました。その結果、他社には真似できない市場ポジションを築き、安定した顧客基盤を得ることができました。

こうした価値観は、短期的な業績向上を超え、外部と内部の協力体制を支える土台となります。特に、外注力を活用する際には、外部の仲間たちと共通の価値観を持つことが、プロジェクトの成功と持続的な関係構築に欠かせません。

経営者やリーダーは、自分の価値観を明確にし、それを内外に伝えることで組織全体を同じ方向に導きます。

その価値観が、判断に迷ったときの道しるべとなり、外部の人材との信頼関係を深

第8箇条
自身の判断基準・価値観を言語化

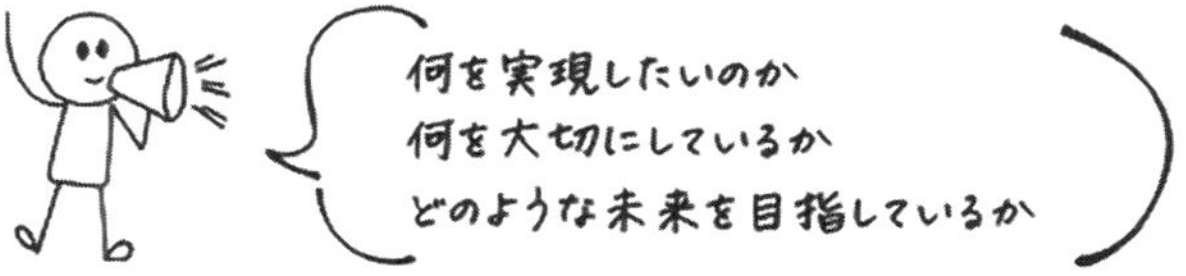
何を実現したいのか
何を大切にしているか
どのような未来を目指しているか

める共通言語となります。そして、外注力やその他の経営資源を最大限に活用するための指針となります。

結局のところ、激変する環境の中で、経営者やリーダーが直面する問いは「**何を実現したいのか**」に集約されます。その問いに対する答えを得るためには、自身の価値観を深く掘り下げ、明確化しなければなりません。そして、価値観が明確な経営者・リーダーだけが、持続的な成長を達成し、激しい競争の中で生き残ることができるのです。

おわりに――リーダーは孤独ではありません

本書では、外注力やリーダーとしての基本資質について深掘りしてきました。しかし、これらすべてを活かすためには、根底にある1つの大切な要素を忘れてはなりません。それは、「**リーダー自身が楽しく仕事をしていること**」です。楽しく働けているリーダーは、周囲を巻き込み、組織全体を明るく前向きに導く力を持っています。

一方で、孤独感やプレッシャーに押しつぶされているリーダーでは、その力を十分に発揮することは難しいでしょう。

特に中間管理職のリーダーたちは、組織内での立場上、上からのプレッシャーと下からの期待という板挟みに遭いやすい存在です。経営者からは「結果を出せ」という厳しい要求を突きつけられ、現場の部下からは「頼れるリーダーであってほしい」という暗黙の期待を受けます。

この二重の圧力の中で、自己犠牲的に奮闘してしまうリーダーも少なくありません。「ここで自分が折れるわけにはいかない」「もっと頑張らないと信頼を失う」といった思いが、知らず知らずのうちに心を追い詰めていきます。

経営者となれば、孤独感はさらに増します。会社の資金繰り、社員の生活、さらには取引先や顧客との関係性など、あらゆる責任を一人で背負わなければならないと感じることが多いのです。

「自分がしっかりしていないと、社員に不安を与えてしまう」という気持ちが、さらなる孤軍奮闘を招きます。**どんなに優れたリーダーでも、一人ですべてを抱え込めるほど強靭ではありません**。しかし、多くのリーダーはその事実を認めることができず、孤立感の中で苦しみ続けてしまうのです。

ここで、ぜひ思い出していただきたいことがあります。

それは、「**リーダーは決して孤独ではない**」ということです。家族や友人、同僚、部下、そして外部のプロフェッショナル人材まで、あなたを支えてくれる人は意外と多く存在します。これらの人々の存在に目を向け、素直に頼ることができれば、心に余裕が生まれ、孤独感は大きく軽減されるでしょう。

まず、最も身近な存在である**家族や友人**を思い浮かべてみてください。

リーダーの多忙さや責任感を理解してくれる人の存在は、時に何よりも大きな支えになります。普段は忙しさに追われてしまい、家族との時間を後回しにしているリーダーもいるかもしれません。

しかし、時には家族や友人と話をし、リーダーとしての悩みを共有することで、驚くほど心が軽くなることがあります。「自分一人で背負う必要はない」と気づくきっかけを、彼らとの対話から私自身も得てきました。

次に、**職場の部下や同僚**です。

リーダーとして「頼られる存在」でなければならないという思い込みが、部下や同僚に助けを求めることを妨げている場合があります。

しかし、部下の立場から見ると、リーダーから頼られることは、「自分が認められている」という大きな喜びになります。リーダーが「これを助けてほしい」と頼むだけで、部下のモチベーションが高まり、主体的に行動するきっかけとなることも多いのです。

頼られて嬉しくない人などいません。むしろ、リーダーの素直さが信頼を深め、組織内の絆を強くすることさえあります。

さらに、近年では**独立して外部で活躍する外部人材**が増えています。彼らの中には、かつてリーダーや経営者として同じような悩みや困難を経験してきた人も少なくありません。経営や組織運営の課題に共感し、適切なアドバイスや支援を提供できる存在として、こうした存在は大いに頼りになります。

外注力を活用することで、リーダーは自分の得意分野に集中できる時間を生み出し、組織全体の成果を最大化することができます。

リーダーにとって大切なのは「自分は一人の人間である」ということを忘れないことです。完璧なリーダーなど存在しません。失敗することもあれば、迷うこともあるのが人間です。それでいいのです。むしろ、リーダーが「自分も失敗するし、弱さもある」と認めることで、周囲の人々に親近感を与え、彼らもまた自分自身をさらけ出しやすくなるのです。

「**仕事を楽しむ**」という視点も重要です。

仕事は人生の一部であり、それ自体が目的ではありません。仕事を通じて自己実現を図り、豊かな人生を築くことが理想です。仕事がきっかけで、人生までつまらないもの、つらいものにしてしまったら元も子もありません。

リーダーが楽しく働いている姿は、周囲にもポジティブな影響を与えます。楽しそうに働くリーダーのもとには、自然と同じように仕事を楽しむ人々が集まります。これは「類は友を呼ぶ」という言葉のとおりです。そして、そうした仲間たちとの協働が、さらに仕事を楽しくし、組織全体のパフォーマンスを向上させるという好循環を生み出します。

この好循環に導くためには、まず**リーダー自身が「自分は孤独ではない」と気づくことが重要**です。家族や友人、同僚、部下、外部のプロフェッショナルなど支えとなる存在をリーダー自身が認め、彼らに助けを求める勇気を持つことが、最初の一歩となります。そこから得られる余裕が、さらに新しいアイデアや挑戦を生み出す土壌となります。

本書を通じて述べてきた「外注力」という考え方も、広い意味での「頼る力」です。**リーダーがすべてを一人で抱え込むのではなく、周囲と協力し、信頼関係を築く**

ことが、真のリーダーシップの鍵となります。そしてその先にこそ、リーダー自身の楽しみや成長、さらには組織全体の成長があるのです。

最後にもう一度言います。

リーダーは決して孤独ではありません。あなたの周りには、あなたを支えたいと願う人々が必ず存在します。

その事実に気づき、頼る勇気を持つことで、リーダーシップは次のステージへと進化します。そして何よりも、仕事を楽しむリーダーがいることで、組織全体が活気づき、新たな可能性を切り拓くことができるのです。

最後に一つの問いをたてて、本書を締めたいと思います。

「**あなたは、誰に頼りますか？**」

最後までお読みくださり、ありがとうございました。

【著者プロフィール】
村井庸介（むらい　ようすけ）

株式会社番頭 代表取締役。

慶應義塾大学卒業後、株式会社野村総合研究所に入社。通信業・製造業の新規事業開発などの経営コンサルティングに携わる。その後、リクルート、グリー、日本アイ・ビー・エムなどで、法人営業・戦略計画・人事の仕事を歴任。2015年からはメガネスーパーでの事業開発・提携を通じて同社の黒字化・再生に貢献。独立後は、転職経験を活かし複数企業の取締役を務める。

2018年にアウグスビール代表と出会い、ビールの美味しさとこれまでの経験に感動し出資。クラフトビール工場（マイクロブルワリー）の立ち上げをプロデュースする新規事業をスタートさせた。広報を活用したゼロ円集客やセミナーセールスモデルを展開して、同社の売上は2024年過去最高となり、新規事業も売上1億円を超える規模に成長して、会社の第二創業事業となった。プライベートではキャリア形成支援事業「ベストキャリア」を立上げ、10年で累計500名超の大学生を支援。直近では転職希望者向けのキャリアセミナーも行う。

主な著書に『番頭イズム～"欲しがられる人材"の共通点』(産業能率大学出版部)、『ずらし転職～ムリなく結果を残せる新天地の探し方』（ワニブックス）、『どんな会社でも結果を出せる！ 最強の「仕事の型」』（クロスメディア・パブリッシング）がある。

・出版プロデュース／中野健彦（ブックリンケージ）
・編集協力／田谷裕章
・装丁／田谷美代子（葉小舟堂デザイン室）
・カバーイラスト／髙柳浩太郎
・本文デザイン・DTP／白石知美、安田浩也（システムタンク）
・校正／永森加寿子
・編集担当／池上直哉

頼る人はうまくいく
「手放せない人」から「任せられる人」へ

著者　村井庸介
編集人　栃丸秀俊
発行人　倉次辰男

発行所　株式会社主婦と生活社
〒104-8357 東京都中央区京橋 3-5-7
Tel 03-5579-9611（編集部）
Tel 03-3563-5121（販売部）
Tel 03-3563-5125（生産部）
https://www.shufu.co.jp

製版所　株式会社公栄社
印刷所　大日本印刷株式会社
製本所　小泉製本株式会社
ISBN978-4-391-16394-0